POLISH
doesn't bite!

Warszawa 2011

POLISH doesn't bite!

Author: **Iwona Lewandowska**
Series editor: **Berenika Wilczyńska**
Project editor: **Berenika Wilczyńska**
Language consultant: **Alexander Webber**
Proofreading: **www.slownebabki.pl**

Layout design: **Grażyna Faltyn**
DTP and graphic design: **www.rafaltomasik.pl**
Cover design: **Bartosz Kaliszewski**
Cover photo: © **Albert Schleich - Fotolia.com**
Inside photos: **www.sxc.hu**
Illustrations: **Kamila Stankiewicz, Virus Group**

© Copyright Edgard 2011
© Copyright zdjęcia i ilustracje Edgard 2011

EDGARD
JEZYKIOBCE.PL

Wydawnictwo Edgard
ul. Belgijska 11
02-511 Warszawa
Tel. / Fax (22) 843 78 38
edgard@edgard.pl

ISBN **978-83-62482-73-3**
First edition
Warszawa 2011

CONTENTS

INTRODUCTION — 4
1. Pronunciation and the alphabet — 5
2. First meetings — 13
3. The human being and the family — 25
4. Work — 35
5. Sport and leisure — 45
6. Time and numbers — 55
7. Food — 65
8. The home and everyday activities — 75
9. Shopping — 85
10. School — 95
11. Nature — 105
12. Travelling — 115
13. Health — 125

ANSWER KEY — 135

POLISH-ENGLISH DICTIONARY — 143

INTRODUCTION

"POLISH doesn't bite!" is an innovative course for beginners. It aims to teach Polish grammar and vocabulary in easy steps from A0 to A1 level. "POLISH doesn't bite" is a useful, self-study exercise book with the elements of a text book. The course is an ideal choice for all those willing to start their adventure with the Polish language. It will help them understand the basic rules of Polish grammar as well as teach them the basics of vocabulary. "POLISH doesn't bite" has been designed for students and adults, and for all those who want to learn the basics of Polish and be able to communicate better in everyday situations.

The course is divided thematically into 13 lessons which include vocabulary and phrases essential for beginners. The lesson subjects have been carefully chosen in order to cover the most typical topics of everyday life, e.g: first meetings, school, work, travels, etc. Each lesson includes the following presentation of Polish grammar and vocabulary:

1) short dialogues or texts with English translations
2) clearly explained grammar topics (section: **Grammar in a nutshell**)
3) a set of essential words and phrases (section: **Words and phrases**)

The following part of each lesson (section **Exercises**) contains a set of interesting and varied exercises, which allows users to practice this new material. In the exercises there are many photos and illustrations which will help the reader memorize words and phrases. The exercises include (among others): matching words to pictures, matching sentences to pictures, finding words in anagrams, crosswords, true / false questions, and much more. There are also two exercises at the end of each lesson so as to revise the material (section **Test yourself!**): a multiple choice test and a straight set of questions. The various exercises help users strengthen their knowledge of vocabulary and grammar and developan understanding of written Poles. The readers will also learn how to form their first sentences in Polish.

This exercise book has been designed with beginners in mind: next to the exercises, new words and phrases which do not appear elsewhere have been placed in the margins, while the leftover spaces are perfect for note taking. Also featured are short texts about Poland and Polish culture (**Did you know?**), which encourage reader to learn more about Poland and the Poles.

At the end of the book there is also an answer key as well as a Polish-English dictionary containing vocabulary from all the mini dictionaries.

Note: The first lesson entitled "Pronunciation and the alphabet" presents the rules of pronunciation by using several example words. Audio recordings of these are available for FREE at our website: www.slowka.pl/wymowa

The book "POLISH doesn't bite" allows all beginners to take their first successful steps into the Polish language, as well as encourages them to continue studying. We would also like to invite you to use our other publications, i.e.: "**Polish conversations**", "**Polish for Foreigners**", "**Polish Essential Words and Phrases**". The complete, current Edgard offer is available at: www.jezykiobce.pl

Enjoy studying – and see for yourself that Polish doesn't bite!

PRONUNCIATION AND THE ALPHABET

Ciekawe, kiedy nasz syn zacznie mówić?

I wonder when our son will begin to talk?

Zobacz, on już umie mówić!

Look, he can speak already!

In this lesson:
- pronunciation and the Polish alphabet

I PRONUNCIATION AND THE ALPHABET

STUDY THE NEW MATERIAL AND THEN COMPLETE THE EXERCISES BELOW.

Note:
You can find the recordings of Polish alphabet and all words marked in green at our web site:
www.slowka.pl/wymowa

THE POLISH ALPHABET:

a (a)	g (gie)	n (en)	t (te)
ą (ą)	h (ha)	ń (ń / eń)	u (u)
b (be)	i (i)	o (o)	w (wu)
c (ce)	j (jot)	ó (u)	x (iks)
ć (ć / cie)	k (ka)	p (pe)	y (y / igrek)
d (de)	l (el)	r (er)	z (zet)
e (e)	ł (eł)	s (es)	ź (ź / ziet)
ę (ę)	m (em)	ś (ś / eś)	ż (żet)
f (ef)			

In Polish there are also digraphs – combination of two letters which have their own sounds:

ch	dz	dż	sz
ci	dzi	ni	rz
cz	dź	si	zi

vowels:

	a	e	i	o	ó = u	y
nasal	ą	ę				

consonants:

voiced	b	d	g	w	z	ź = zi	ż = rz	dz	dź = dzi	dż	m	n	r	l	ł	j
unvoiced	p	t	k	f	s	ś = si	sz	c	ć = ci	cz	ch = h				

Note:
In Polish the stress on the words is fixed and is generally placed on the penultimate syllabe, i.e.: ko-**szu**-la. In the case of some nouns of foreign origin, the stress is placed on the third syllabe from the end, i.e.: **fi**-zy-ka.

POLISH doesn't bite!

Note:
If you want to know the meaning of the words given as examples, use the dictionary at the end of this lesson (on page 11).

RULES OF PRONUNCIATION:

- **ś, ź, ć, dź, ń** are soft consonants, similar to every consonant followed by **i** (e.g. bilet).
  To pronounce a soft consonant, you touch the palate with your tongue.
- **ą, ę** when preceded by consonants **w, f, z, s, ż, sz, ź, c, ch**, or at the end of a word, are pronounced with a **nasal a, e**, for example:
  wąsy, idą, wąż, mięso, męski, język
- **ą, ę** when preceded by consonants **l, ł** are pronounced as **o, e**, for example:
  wziął, objął, zaczął, wzięli, objęli, zaczęli
- **ą, ę** when preceded by consonants **p, b** are pronounced as **om, em**, for example:
  gołąbki, ząb, dąb, zęby, przeziębienie, bębenek
- **ą, ę** when preceded by other consonants are pronounced as **on, en**, for example:
  obowiązki, pączek, kąt, pięć, dziesięć, więc, tętno, okręt
- **c** – is pronounced as *ts* in *tsar*, for example: cebula, widelec, cytryna
- **ć = ci** – is pronounced as *chee* in *cheese* (a soft **c**), for example: ciepły, pięć, ciocia
- **cz** is pronounced as *chea* in *cheap*, for example: oczy, czekolada, cześć
- **dz** is pronounced as *ds* in *islands*, for example: do widzenia, zwiedzać, dzwon, pieniądze
- **dź = dzi** – is pronounced as soft **dz**, for example: poniedziałek, dzień, chodzić
- **dż** is pronounced as *ge* in *George*, for example: dżem, dżungla, dżokej
- **g** is pronounced as *g* in *give*, for example: gołąbki, jogurt, zegar, gitara
- **h = ch** is pronounced as *h* in *history*, for example: hotel, chusteczka, chirurg
- **j** is pronounced as *y* in *yes*, for example: jogurt, jajko, ja
- **ł** is pronounced as *w* in *watch*, for example: szkoła, małpa, ławka

- **ń = ni** is pronounced as soft **n**, for example: niedziela, pomarańcza, koń
- **ó = u** is pronounced as *oo* in book, for example: truskawka, ogórek, ucho, jutro
- **ś = si** is pronounced as *sh* in *she* (a soft **s**), for example: środa, siedem, wieś
- **sz** is pronounced as *sh* in *dish*, for example: szkoła, szynka, zeszyt
- **rz = ż** is pronounced as *si* in *vision*, for example: rzeka, plaża, brzuch
- **w** is pronounced as *v* in *velvet*, for example: winogrona, rower, woda
- **y** is pronounced as *i* in *it*, for example: szyja, wysoki, syn
- **ź = zi** is pronounced like a soft **s**, for example: jezioro, źle, zimno

Voiced consonants have their voiceless counterparts (see the table on page 6), and these are pronounced as voiceless if they are at the end of a word or next to an unvoiced consonant, for example:

b is pronounced as **p** (chleb)
d is pronounced as **t** (obiad)
dz is pronounced as **c** (wódz)
dź is pronounced as **ć** (niedźwiedź)
dż is pronounced as **cz** (brydż)
g is pronounced as **k** (dźwig)
rz, ż is pronounced as **sz** (cmentarz)
w is pronounced as **f** (marchew)
z is pronounced as **s** (krajobraz)
ź is pronounced as **ś** (gałąź)

EXERCISES

1.1
In the following pairs underline the word where the consonant is voiced.

1. wazon – obraz [z]
2. woda – marchew [w]
3. obiad – dom [d]
4. gazeta – dźwig [g]
5. chleb – bębenek [b]
6. rzeka – cmentarz [rz]
7. żółty – bandaż [ż]
8. gałąź – źle [ź]

1.2
Choose the words which use the sound of: 1) *sh* as in *she* (a soft **s**) 2) a soft *n* and 3) *sh* as in *dish*.

1) ....
2) ....
3) ....

2. czekolada

1. pomarańcza

4. śliwki

3. samochód

6. rower

7. kieliszek

5. zegar

8. widelec

EXERCISES

1.3
Choose the correct pronunciation of *ą* and *ę* and read the words aloud.

I. ą

1. WZIĄŁ – KOPNĄŁ: [o] / [on]
2. DĄB – ZĄB   [on] / [om]
3. KĄT – LĄD: [on] / [om]

II. ę

4. ZĘBY – BĘBENEK: [en] / [em]
5. TĘTNO – OKRĘT   [en] / [em]
6. WZIĘLI – KOPNĘLI [e] / [en]

1.4
Read the pairs of syllabes given below.

1. ZA – SA   5. CE – CZE
2. DZA – CA   6. ZA – ZIA
3. ZU – ŻU   7. SU – SIU
4. SA – SZA   8. CO – CIO

1.5
In the following words underline the sound which gets devoiced.

1. obiad
2. taksówka
3. cmentarz
4. gołąbki
5. chleb
6. marchew
7. obraz
8. bandaż
9. kwiatek
10. dąb
11. raz
12. brydż
13. dźwig
14. gałąź
15. niedźwiedź
16. chirurg

Did you know?

Syrenka Warszawska (The Warsaw Mermaid), is the symbol of Warsaw and her form features as part of the city's coat of arms. Syrenka is armed with a sword and shield, which are symbolic of her readiness to protect the city from danger. There are three statutes of the mermaid in Warsaw, including one in the Old Town.

MINI DICTIONARY:

B
bandaż – a bandage
bębenek – a drum
bilet – a ticket
brydż – bridge
brzuch – a stomach

C
cebula – an onion
chirurg – a surgeon
chleb – bread
chodzić – to go, to walk
chusteczka – a tissue
ciepły – warm
ciocia – an aunt
cmentarz – a cemetery
cytryna – a lemon
czekolada – chocolate

D
dąb – an oak
dom – a house
dzień – a day
dzwon – a bell
dźwig – a crane
dżem – jam
dżokej – a jockey
dżungla – a jungle

G
gałąź – a branch
gitara – a guitar
gołąbki – stuffed cabbage leaves
gazeta – a newspaper

H
hotel – a hotel

I
idę – I go / I'm going

J
ja – I
jajko – an egg
jezioro – a lake
język – a tongue
jogurt – a yoghurt
jutro – tomorrow

K
kąt – an angle
kieliszek – a glass
koń – a horse
kopnął – (he) kicked
kopnęli – (they) kicked
krajobraz – a landscape
kurtka – a jacket
kwiatek – a flower

L
ląd – a land

Ł
ławka – a bench

M
małpa – a monkey
marchew – a carrot
męski – masculine

mieć – to have
mięso – meat
monitor – a monitor

N
niedziela – Sunday
niedźwiedź – a bear

O
obiad – a dinner
objęli – (they) embraced
objął – (he) embraced
obraz – a painting
oczy – eyes
okręt – a ship

P
pączek – a doughnut
pieniądze – money
plaża – a beach
pomarańcza – an orange
poniedziałek – Monday
przeziębienie – a cold

R
raz – time, once
rower – a bike
ryba – a fish
rzeka – a river

S
sałata – lettuce
samochód – a car
siedem – seven
stół – a table
syn – a son
szkoła – a school
szyja – a neck

szynka – ham
śliwka – a plum
środa – Wednesday

T
taksówka – a taxi

U
ucho – an ear

W
wazon – a vase
wąsy – moustache
widelec – a fork
wieś – countryside
winogrona – grapes
woda – water
wódz – a leader
wziął – (he) took
wzięli – (they) took
wąż – a snake

Z
zaczął – (he) began
zaczęli – (they) began
ząb – a tooth
zegar – a clock
zeszyt – a notebook
zęby – teeth
zimno – cold
zwiedzać – to visit

Ź
źle – bad / badly

Ż
żółty – yellow

2 FIRST MEETINGS

Mamo, dziś przedstawię wam mojego nowego chłopaka.

Mum, today I'll introduce to you my new boyfriend.

Dzień dobry, nazywam się DDHSXYFGFH. Jestem z Marsa.

Good morning, my name is DDHSXYFGFH. I come from Mars.

In this lesson:

vocabulary: greetings, introducing yourself, asking and answering: How are you?; countries and nationalities

grammar: personal pronouns in the singular, verbs: **być** (to be), **nazywać się** (to be called), **mówić** (to speak) in the singular

STUDY THE NEW MATERIAL AND THEN COMPLETE THE EXERCISES BELOW.

- Cześć, jestem Monika. A ty?
  (Hi, I'm Monica. And you are?)
- Robert. Miło mi.
  (I'm Robert. Nice to meet you.)

- Dzień dobry, nazywam się Piotr Kowalski.
  (Good morning, my name is Piotr Kowalski.)
- Dzień dobry. Aneta Pietras.
  (Good morning. I'm Aneta Pietras.)
- Bardzo mi miło.
  (I'm very pleased to meet you.)
- Mi również.
  (Me too.)

GRAMMAR IN A NUTSHELL:

Personal pronouns:
ja – I
ty – you
on – he
ona – she
ono – it (neuter form, read more on page 31)

Polite forms:
pan – Mr, sir, you (formal)
pani – Mrs, madam, you (formal)

Note:
The pronoun **ty** (you) is used in informal conversations, while in formal conversations it is necessary to use polite forms: **pan** (sir / Mr), **pani** (madam / Mrs). They have to agree with the form of the verb.

czasownik to be - być in singular

(ja) jestem – I am
(ty) jesteś – you are
on / ona / ono jest – he / she / it is
pan / pani jest – you (sir / madam) are

Note:
The pronouns **ja**, **ty** are used optionally in spoken Polish, and in the written language they are not used at all. In contrast, the polite forms **pan**, **pani** are obligatory – you can't omit them.

czasownik to be called - nazywać się in singular

(ja) nazywam się – my name is
(ty) nazywasz się – your name is
on / ona / ono nazywa się – his / her / its name is
pan / pani nazywa się – your (sir / madam) name is

Note:
The Polish reflexive pronoun **się** is invariable; its form never changes.

WORDS AND PHRASES:

Basic words and phrases:
tak – yes
nie – no, not
Dziękuję. – Thank you.
Proszę! – Please! (while asking for something) / Here you are! (when giving something to someone)
Przepraszam! – I'm sorry! / Excuse me!
Nic nie szkodzi. – That's OK. (when someone is saying sorry to you)
Nie rozumiem. – I don't understand.

Greetings:
Dzień dobry! – Good morning!
Do widzenia! – Goodbye!
Dobry wieczór! – Good evening!
Dobranoc! – Good night!
Cześć! – Hi! / Bye!
Hej! – Hi! / Bye!
Na razie! – See you!

Meetings:
Przepraszam, jak pan się nazywa?
– Excuse me, what's your name (sir)?
Przepraszam, jak pani się nazywa?
– Excuse me, what's your name (madam)?
Jak się nazywasz? – What's your name?
Nazywam się Marek Koper.
– My name is Marek Koper.
Jestem Ewa. – I'm Ewa.
Miło mi. – Nice to meet you.
Bardzo mi miło. – I'm very pleased to meet you.
Skąd pan jest? – Where are you from (sir)?
Skąd pani jest? – Where are you from (madam)?
Skąd jesteś? – Where are you from? (inf.)
Jestem z Anglii. – I'm from England.
Jestem obcokrajowcem.
– I'm a foreigner.
W jakim języku pan mówi?
– What language do you speak (sir)?
W jakim języku pani mówi?
– What language do you speak (madam)?
W jakim języku mówisz?
– What language do you speak?
Mówię po francusku, po niemiecku, po rosyjsku, po hiszpańsku, po polsku, po angielsku, po włosku. – I speak French, German, Russian, Spanish, Polish, English, Italian.
Czy mówi pan po polsku? – Do you speak Polish (sir)?
Czy mówi pani po polsku? – Do you speak Polish (madam)?
Czy mówisz po polsku? – Do you speak Polish? (inf.)

Asking *How are you?* and answering:
Jak się pan ma? – How are you (sir)?
Jak się pani ma? – How are you (madam)?
A pan / A pani? – And you, sir / madam?
Jak się masz? – How are you? (inf.)
A ty? – And you?
Dziękuję, bardzo dobrze. – Very well, thank you.
Dobrze. – Fine. / Well.
Tak sobie. – So, so.
Źle – Bad. / I feel bad.
Co słychać? – What's up?
W porządku. – I'm fine. / All right.
Po staremu. – The same as usual.

EXERCISES

2.1
Which expressions would you use in an informal conversation and which in a formal conversation?

Cześć   Skąd jesteś?   ✓ Jak się masz?   Na razie!

A pani?   Dobranoc!   Skąd pani jest?

Do widzenia!   Jak się nazywasz?   Dzień dobry!

pan, pani	ty
Example: > Skąd pan jest?	Example: > Hej!

2.2
Match the sentences with the correct responses.

1. Jak się masz?
2. Bardzo mi miło.
3. Jak się pani ma?
4. Jak się nazywasz?
5. Przepraszam!
6. Skąd jesteś?
7. Proszę!
8. Cześć!

a. Nic nie szkodzi.
b. Dziękuję!
c. Mi również.
d. Tak sobie. A ty?
e. Dziękuję, dobrze. A pan?
f. Na razie!
g. Marek. A ty?
h. Jestem z Francji.

1. ..... 2. ..... 3. ..... 4. ..... 5. ..... 6. ..... 7. ..... 8. .....

2.3
Complete the boxes with the correct form of the verbs *być* (to be) and *nazywać się* (to be called).

Example: > być – (ja) [jestem]

1. być:

(ty) [   ]

(on / ona / ono) [   ]

(ja) [   ]

(pan / pani) [   ]

2. nazywać się:

(pan / pani) [   ]

(ty) [   ]

(ja) [   ]

(on / ona / ono) [   ]

mini dictionary:

dobrze – well

2.4
Add personal pronouns to the sentences.

ja – ty – on – ona:

Example: > **On** nazywa się Piotr.

1. .... nazywa się Anna.
2. .... jest z Anglii (Ewa).
3. .... mówi po polsku (Piotr).
4. (...............) Jestem obcokrajowcem.
5. (...............) Mówisz dobrze po angielsku.
6. Skąd .... jest? (Mateusz)
7. Jak się .... ma? (Marta)

pan – pani:

Example: > Jak **pan** się nazywa? (Tomek)

8. Jak .... się nazywa? (Monika)
9. Skąd .... jest? (Robert)
10. Czy .... mówi po polsku? (Piotr)
11. Skąd .... jest? (Ewa)
12. Czy mówi .... po angielsku? (Dorota)
13. Jak się .... ma? (Magda)
14. W jakim języku .... mówi? (Marcin)

Do you know any Polish names?

female: Anna, Ewa, Marta, Dorota, Magda
male: Piotr, Mateusz, Tomek, Robert, Marcin

2.5
Form the correct sentences using the words and phrases given. Write them under the table.

mini dictionary:
z Paryża – from Paris
z Francji – from France

Example: > (ty) Nazywasz się Adam. / Jesteś obcokrajowcem. / Jesteś z Anglii.

Note:
If two sentences have the same subject, in the second sentence the pronouns **on** / **ona** / **ono** can be omitted.
Example: Ona jest obcokrajowcem. Jest z Anglii.

1. On .... / On .... / On ....
2. (ja) .... / (ja) .... / (ja) ....
3. Ona .... / Ona .... / Ona ....

2.6
Complete the sentences with the correct form of the verb *być* (to be).

Example: > Skąd **on** jest?

mini dictionary:
mieszka (on / ona / ono) – he / she / it lives
w Warszawie – in Warsaw
ten – this (male singular)
ta – this (female singular)
z Włoch – from Italy
z Niemiec – from Germany
miły (-a, -e) – nice

1. Cześć! (ja) .... Marek. A ty?
2. Monika .... z Polski, mieszka w Warszawie.
3. Skąd pan .... ?
4. Nazywam się Robert. .... z Anglii.
5. On .... z Francji.
6. Cześć! Skąd (ty) .... ?
7. Skąd pani .... ?
8. Marc, ... z Francji, z Paryża?
9. Ten pan .... z Włoch.
10. Ta pani .... z Niemiec.
11. (ty) .... bardzo miły!
12. Skąd pan .... ?
13. Skąd (ty) .... ?
14. Ania .... z Francji.

2.7
Fill in the gaps in the dialogues.

Example: > – Cześć! **Co słychać?** – W porządku.

I
– Cześć, Marek!
– (1) ...., Dominika! Jak się (2) ....?
– Bardzo dobrze. A (3) ....?

II
– (4) .... Nazywam się Jan Malinowski.
– Dzień dobry. Robert Matecki.
– Bardzo (5) ....

III
– Hej! (6) .... słychać?
– (7) .... staremu.

2.8
Make sentences from the words given.

Example: > z / jest / Anglii / ona
     Ona jest z Anglii.

1. w / mówisz / jakim / języku
....?
2. pan / jest / skąd
....?
3. polsku / mówi / po / czy / pani
....?
4. chłopak / ten / niemiecku / po / mówi
....
5. japońsku / mówisz / po / czy
....?
6. mieszkam / z / w / jestem / Włoch / i / Rzymie
....
7. szkodzi / nie / nic
....

mini dictionary:
ten chłopak – this boy
(ty) mówisz po japońsku – (you) speak Japanese
mieszkam – I live
w Rzymie – in Rome

VOCABULARY: COUNTRIES AND NATIONALITIES

Study the table and read the examples below.

kraj (country)	być z… (to be from…)	narodowość – rodzaj męski (nationality – male)	narodowość – rodzaj żeński (nationality – female)	giving one's nationality: być… (to be…) male / female
Polska (Poland)	z Polski	Polak	Polka	Polakiem / Polką
Włochy (Italy)	z Włoch	Włoch	Włoszka	Włochem / Włoszką
Hiszpania (Spain)	z Hiszpanii	Hiszpan	Hiszpanka	Hiszpanem / Hiszpanką
Francja (France)	z Francji	Francuz	Francuzka	Francuzem / Francuzką
Niemcy (Germany)	z Niemiec	Niemiec	Niemka	Niemcem / Niemką
Anglia (England)	z Anglii	Anglik	Angielka	Anglikiem / Angielką
Rosja (Russia)	z Rosji	Rosjanin	Rosjanka	Rosjaninem / Rosjanką

Note:
Cases exist in Polish, much like in Latin grammar. All **nouns**, **adjectives** as well as **pronouns** decline, which means that they change their form (case ending) depending on their function in a sentence.

Examples:

> On jest z Polski. – He's from Poland.
> Ona jest z Polski. – She's from Poland.
> On jest Polakiem. – He's a Pole.
> Ona jest Polką. – She's a Pole.

2.9
Where do the people come from? Complete the sentences.

Example: > Klaus jest **z Niemiec**. (Niemcy)

1. Constance jest .... (Francja)
2. Carlo jest .... (Włochy)
3. Hans jest .... (Niemcy)
4. Monika jest .... (Polska)
5. (ja) Jestem .... (Hiszpania)
6. John jest .... (Anglia)
7. Natasza jest .... (Rosja)
8. (ty) Jesteś .... ? (Francja)

2.10
Find five country names.

NRSKPOLSKARJDNHISZPANIAWJWŁOCHYWFFRANCJATKRSANGLIAFKJEI

1. ....
2. ....
3. ....
4. ....
5. ....

2.11
Complete using the correct nouns referring to nationality.

Example: > Niemcy – Teresa jest Niemką. Klaus jest Niemcem.

1. Anglia   Dorothy jest [   ]. Steven jest [   ].
2. Francja   Marie jest [   ]. Jej syn jest [   ].
3. Hiszpania   Monica jest [   ]. Jej chłopak jest [   ].
4. Włochy   Marco jest [   ]. Chiara jest [   ].
5. Polska   Tomek jest [   ]. Jego dziewczyna jest [   ].
6. Rosja   Jurij jest [   ]. Jego córka jest [   ].

mini dictionary:
jej chłopak – her boyfriend
jej syn – her son
jego córka – his daughter
jego dziewczyna – his girlfriend

2.12

Where do the people in the pictures come from and what languages do they speak?

> **mówić – to speak**
> (ja) mówię (po polsku) – I speak (Polish)
> (ty) mówisz (po polsku) – you speak (Polish)
> on / ona / ono mówi (po polsku) – he / she / it speaks (Polish)
> pan / pani mówi (po polsku) – you (sir / madam) speak (Polish)

Marie · Sara · Klaus · Steve

Note:
You will find more examples on page 15.

Example: > Jurij jest z Rosji. Mówi po rosyjsku i po angielsku.

1. Marie ....
   ....
2. Sara ....
   ....

mini dictionary:
i – and

3. Klaus ....
   ....
4. Steve ....
   ....

Write the same about yourself:

(ja) Jestem ....
....

2.13
Complete the crossword using the feminine or masculine form of the nouns given.

Example: > Niemiec – **Niemka**

1. Hiszpan – ....
2. Włoszka – ....
3. Polak – ....
4. Rosjanka – ....
5. Angielka – ....
6. Francuzka – ....

Rozwiązanie: ....

mini dictionary:
rozwiązanie
– answer, solution

2.14
Make sentences from the words given.

Example: > pan / jak / ma / się
Jak się pan ma?

1. po / polsku / mówisz / czy
.... ?

2. dobrze / dziękuję, / bardzo
....

3. mi / bardzo / miło
....

4. jak / nazywa / pani / się
.... ?

5. mówi / Marta / po / hiszpańsku
....

6. nazywasz / jak / się
.... ?

TEST YOURSELF!

2.15
Choose the correct answer: a, b or c.

1. Jak się pan .... ?
   a) jest   b) masz   c) ma
2. Robert jest ....
   a) Polakiem   b) Polką   c) po polsku
3. Ona mówi ....
   a) z Włoch   b) po włosku   c) Włoszką
4. .... nazywa się Marek.
   a) Ona   b) Ono   c) On
5. .... ! Jak się masz?
   a) Cześć!   b) Na razie!   c) Proszę
6. Marie jest ....
   a) Francja   b) z Francji   c) po francusku
7. – Na razie! – .... !
   a) Dzień dobry   b) Cześć   c) Bardzo mi miło
8. Skąd pani .... ?
   a) jest   b) jesteś   c) jestem

2.16
Answer the questions.

1. Jak się pan / pani nazywa?
   Nazywam się ....
2. Skąd pan / pani jest?
   Jestem ....
3. W jakim języku pan / pani mówi?
   Mówię ....
4. Jak się pan / pani ma?
   ....

Did you know?

Wieliczka is a town situated near Cracow. It is famous for its unique salt mine which dates back to the XIII century. In the mine you can see crystal caverns as well as underground corridors and chapels from different periods in history. The salt mine is included on the UNESCO World Heritage List.

3 | THE HUMAN BEING AND THE FAMILY

Kochanie, obiad!

Honey, dinner's ready!

In this lesson:

vocabulary: parts of the body, adjectives describing physical appearance and personality, family members

grammar: construction **To jest…** (This is…), **To są…** (These are…), nouns and adjectives in the nominative singular, the verb **mieć** (to have) in the singular

STUDY THE NEW MATERIAL AND THEN COMPLETE THE EXERCISES BELOW.

- Cześć, Tomek! Wiesz, kto to jest? (Hi, Tomek! Do you know who this is?)
- To jest nowa nauczycielka. Nazywa się Ewa Nowak. (This is the new teacher. Her name is Ewa Nowak.)
- Jaka ona jest? (What is she like?)
- Ona jest sympatyczna i bardzo wesoła! (She is nice and very cheerful!)

To jest Marta. Ona jest z Polski. Jest piękna, wysoka i szczupła. Ma brązowe włosy i niebieskie oczy. Jej brat Kamil jest niski i ma zielone oczy.
(This is Marta. She is from Poland. She is beautiful, tall and slim. She has brown hair and blue eyes. Her brother Kamil is short and he has green eyes.)

GRAMMAR IN A NUTSHELL:

Asking about people and things:

Kto to jest? / Kim oni są? (Who is this? / Who are these?) – This question refers to a person.

singular:	plural:
To jest… (This is…) + name / nouns in singular, i.e.:	To są… (These are…) + nouns in plural, i.e.:
- To jest Marta. (This is Marta.)	- To są dzieci. (These are children.)
- To jest Francuzka. (This a Frenchwoman.)	

Co to jest? (What is this? What are these?) – This question refers to a thing and an animal.

singular:	plural:
To jest… (This is…) + nouns in singular, i.e.:	To są… (These are…) + nouns in plural, i.e.:
- To jest mapa. (This is a map.)	- To są mapy. (These are maps.)

Yes / no questions:

Observe the use of the word **nie** in a negative sentence (**nie** + a verb):

singular:
Czy to jest Marta? – Is this Marta?
Tak, to jest Marta. – Yes, this is Marta.
<u>Nie</u>, to <u>nie</u> jest Marta. – No, that isn't Marta.

plural:
Czy to są dzieci? – Are these children?
Tak, to są dzieci. – Yes, these are children.
<u>Nie</u>, to <u>nie</u> są dzieci. – No, these aren't children

WORDS AND PHRASES:

Note: The abbreviation **m** means the masculine gender, **f** – the feminine gender, **n** – the neuter gender, **pl.** means plural.

Human being:
człowiek (m) – a human being
mężczyzna (m) – a man
kobieta (f) – a woman
chłopak (m) – a boy, a boyfriend
dziewczyna (f) – a girl, a girlfriend
dziecko (n) / dzieci (pl.) – a child / children
chłopiec (m) – a boy (a child)
dziewczynka (f) – a girl (a child)

Parts of the body:
głowa (f) – a head
włosy (pl.) – hair
oko (n) / oczy (pl.) – an eye / eyes
ucho (n) / uszy (pl.) – an ear / ears
nos (m) – a nose
usta (pl.) – a mouth
ząb (m) / zęby (pl.) – a tooth / teeth
ręka (f) / ręce (pl.) – an arm / arms
noga (f) / nogi (pl.) – a leg / legs
brzuch (m) – a stomach, a belly

Physical appearance and personality:
Note: All the adjectives are given in three forms: masculine, feminine and neuter.

niski (niska, niskie) – short
wysoki (-a, -ie) – tall
gruby (-a, -e) – fat
chudy (-a, -e) – skinny
szczupły (-a, -e) – slim
piękny (-a, -e) – beautiful / handsome
ładny (-a, -e) – pretty
brzydki (-a, -ie) – ugly
młody (-a, -e) – young
stary (-a, -e) – old
wesoły (-a, -e) – cheerful
smutny (-a, -e) – sad
sympatyczny (-a, -e) – friendly, nice
niesympatyczny (-a, -e) – unfriendly, disagreeable
spokojny (-a, -e) – calm
nerwowy (-a, -e) – nervous
mieć długie / krótkie włosy – to have long / short hair
mieć czarne / brązowe / blond / rude / siwe włosy – to have black / brown / blond / red / gray hair
mieć czarne / niebieskie / piwne / zielone oczy – to have black / blue / hazel / green eyes

Family:
rodzina (f) – a family
żona (f) – a wife
mąż (m) – a husband
małżeństwo (n) – a married couple
matka (f) – a mother
ojciec (m) – a father
rodzice (pl.) – parents
syn (m) – a son
córka (f) – a daughter
brat (m) – a brother
siostra (f) – a sister
rodzeństwo (n) – siblings (a brother and a sister)
dziadek (m) – a grandfather
babcia (f) – a grandmother
wnuk (m) / wnuczka (f) – a grandson / a granddaughter
wujek (m) – an uncle
ciocia (f) – an aunt
kuzyn (m) / kuzynka (f) – a cousin
teść (m) / teściowa (f) – a father-in-law / a mother-in-law

mini dictionary:
książka (f) – a book
samochód (m) – a car

EXERCISES

3.1
Match the questions with the correct answers.

Example: > Jak się nazywasz? + Nazywam się Tomek.

1. Co to jest?
2. Kto to jest?
3. Czy to jest Piotr?
4. Czy to jest książka?

a) Nie, to nie jest Piotr. (To jest Robert).
b) To jest samochód.
c) Tak, to jest książka.
d) To jest Monika.

1. ..... 2. ..... 3. ..... 4. .....

mini dictionary:
nauczyciele (pl.) – teachers (male plural)
studentki (pl.) – students (female plural)

3.2
Make the correct sentences using *To jest...* or *To są...* .

Example: > **To jest** kobieta.
         To są oczy.

1. dzieci
....

2. rodzice
....

3. dziecko
....

4. głowa
....

5. Polka
....

6. Ewa
....

7. nauczyciele
....

8. nogi
....

9. chłopiec
....

10. zęby
....

11. dziadek
....

12. studentki
....

3.3
Co to jest? Name the parts of the body in the picture.

1. To jest ....
2. To są   ....
3. To jest ....
4. To jest ....
5. To jest ....
6. To jest ....
7. To jest ....
8. To jest ....

3.4
Make the correct negative sentences.

Example: > Nie, **to nie jest Hiszpanka.**

1. Niemiec
Nie, ...
2. Adam
Nie, ...
3. komputer
Nie, ...
4. telewizor
Nie, ...
5. stopa
Nie, ...

Example: > Nie, **to nie są dzieci.**

6. rodzice
Nie, ...
7. niebieskie oczy
Nie, ...
8. siwe włosy
Nie, ...
9. mapy
Nie, ...
10. plecy
Nie, ...

mini dictionary:
komputer (m)
– a computer
telewizor (m)
– a television set
stopa (f) – a foot
mapa (f) – a map
mapy (pl.) – maps
plecy (pl.) – back

3.5

Kto to jest? Complete the sentences using the family tree.

mini dictionary:
mój – my
(+ masculine noun)
moja – my
(+ feminine noun)

Example: > Agata: To jest Jan. To jest mój **ojciec**.

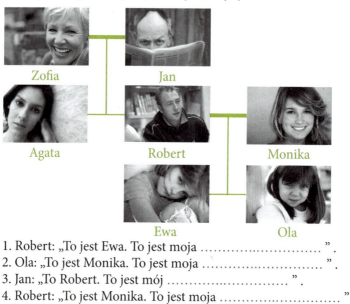

1. Robert: „To jest Ewa. To jest moja ....".
2. Ola: „To jest Monika. To jest moja ....".
3. Jan: „To Robert. To jest mój ....".
4. Robert: „To jest Monika. To jest moja ....".
5. Zofia: „To jest Jan. To jest mój ....".

3.6

GRAMMAR: verb *mieć* (to have)

Remember:
The verb **mieć**
(to have) is followed
by a noun
in the accusative.

(ja) mam – I have
(ty) masz – you have
on / ona / ono ma – he / she / it has
pan / pani ma – you (sir, madam) have

mini dictionary:
ładną żonę
– a pretty wife
(in the accusative)
ładna żona
– a pretty wife
(in the nominative)
bardzo – very

Complete the sentences using the correct form of the verb *mieć*.

Example: > Monika **ma** długie włosy.

1. Piotr .... niebieskie oczy.
2. (ja) .... czarne włosy.
3. Ewa .... piwne oczy.
4. (ty) .... zielone oczy.
5. On .... ładną żonę.
6. Ona .... bardzo długie włosy.

3.7
GRAMMAR: nouns and adjectives in the singular

Study the table with Polish nouns in the singular.

masculine	feminine	neuter
on / ten (he / this) endings: consonant, -a	**ona / ta** (she / this) endings: -a, -i	**ono / to** (it / this) endings: -o, -e, -ę
pa**n** (sir) mą**ż** (a husband) mężczyz**na** (a man)	kobie**ta** (a woman) pan**i** (madam)	dzieck**o** (a child) zdjęci**e** (a photo) imi**ę** (first name)

Note:
Masculine nouns usually end in a consonant (rarely they end in **-a**). Feminine nouns end in **-a** or **-i**, neuter nouns usually end in **-o**, **-e**, **-ę**.

Fill in the blanks using the correct pronouns: *on, ona* or *ono / ten, ta* or *to*.

Example: > chłopak – **on, ten**

1. nos – ....
2. noga – ....
3. ucho – ....
4. oko – ....
5. ręka – ....
6. brzuch – ....
7. matka – ....
8. ojciec – ....
9. dziecko – ....
10. brat – ....
11. siostra – ....
12. rodzeństwo – ....

3.8
Complete the sentences with *on, ona* or *ono / ten, ta* or *to*.

Example: > **Ta** studentka jest sympatyczna.

1. .... chłopiec ma długie włosy.
2. .... ma krótkie włosy. (Robert)
3. .... kobieta jest miła.
4. .... jest piękna. (Anna)
5. .... człowiek jest niski.
6. .... jest niska. (Marta)
7. .... zdjęcie jest piękne.
8. .... dziecko jest nerwowe.

mini dictionary:
studentka (f)
– a student
miły (-a, -e) – nice

Note:
Polish adjectives have the same grammatical form as the nouns to which they refer.

3.9
Study the table and complete the exercise below.

on Jaki on jest? (What is he like?)	ona Jaka ona jest? (What is she like?)	ono Jakie ono jest? (What is it like?)
weso**ł**y chłopak (a cheerful boy) brzydk**i** mężczyzna (an ugly man)	weso**ła** dziewczyna (a cheerful girl) brzydk**a** kobieta (an ugly woman)	weso**łe** dziecko (a cheerful child) brzydk**ie** zdjęcie (an ugly photo)

Feminine adjectives end in **-a**, masculine adjectives end in **-y** (or **-i** if preceded by the consonants **k-** or **g-**) while neuter adjectives end in **-e** (or with **-ie** if preceded by the consonant **k-** or **g-**).

Choose the correct form for the following adjectives.

Example: > gruby / **gruba** / grube + kobieta

mini dictionary:
kolega (m)
– a friend (male)
szczęśliwy (-a, -e)
– happy

1. wesoły / wesoła / wesołe   dziadek
2. spokojny / spokojna / spokojne   dziecko
3. ładny / ładna / ładne   dziewczyna
4. nerwowa / nerwowy / nerwowe   rodzeństwo
5. smutne / smutny / smutna   wujek
6. wysoki / wysoka / wysokie   człowiek
7. sympatyczna / sympatyczne / sympatyczny   kolega
8. niski / niska / niskie   kobieta
9. szczęśliwe / szczęśliwy / szczęśliwa   małżeństwo
10. młody / młode / młoda   matka

Did you know?

The Hejnał Mariacki is a bugle call played daily every hour from the tower of St. Mary's Church in Cracow. According to a thirteenth-century legend, a guard stationed on the tower saw a force of invading Tartars approach the city walls, and saved the inhabitants by rousing them with his bugle call. However, he was killed by an arrow while doing so. To commemorate his actions, the bugle call that sounds today ends abruptly.

3.10
Complete the sentences using the correct form of the given adjectives.

Example: > piękny / szczupły: Ona jest **piękna** i **szczupła**.

1. wysoki / ładny: Ona jest .... i ....
2. niski / gruby: On jest .... i ....
3. mały / piękny: Ono jest .... i ....
4. młody / wesoły: Ta kobieta jest .... i ....
5. chudy / brzydki: Ten chłopak jest .... i ....
6. stary / niesympatyczny: Ten mężczyzna jest .... i ....
7. smutny / nerwowy: To dziecko jest .... i ....
8. szczupły / przystojny: Mój sąsiad jest .... i ....
9. uparty / niesympatyczny: Jego wujek jest .... i ....
10. młody / sympatyczny: Jej przyjaciółka jest .... i ....

A ty? Jaki / Jaka (ty) jesteś?
(ja) Jestem .... , ... i ....

mini dictionary:
przystojny
– handsome
sąsiad (m)
– a neighbour (male)
jego – his
uparty (-a, -e)
– stubborn
przyjaciółka
– a close friend (female)

3.11
Look at the picture and then fill in the gaps in the text using words from this lesson.

mini dictionary:
też – also
jej – her
nie mają – (they) don't have

To jest małżeństwo. To jest Aneta. Ona .... (1) długie włosy i piwne .... (2). Jest bardzo sympatyczna. To jest jej mąż Tomek. Tomek .... (3) wysoki. Ma krótkie .... (3) i czarne oczy. On też jest .... (4). Aneta .... (5) Tomek nie mają dzieci.

mini dictionary:
walizka (f)
– a suitcase

TEST YOURSELF!

3.12

Choose the correct answer: a, b or c.

Example: > **Jaki** on jest?
        a) Jaki   b) Jaka   c) Jakie

1. .... chłopak
    a) ten   b) ta   c) to
2. To .... oczy.
    a) są   b) jest   c) jestem
3. .... kolega
    a) wesoły   b) wesoła   c) wesołe
4. (ja) .... niebieskie oczy.
    a) Ma   b) Masz   c) Mam
5. .... to jest? To jest Adam.
    a) Kto   b) Czy   c) Co
6. Nie, to .... mój brat.
    a) jest   b) nie jest   c) jestem
7. Sylwia jest ....
    a) piękne   b) piękny   c) piękna
8. Czy to .... twoja walizka?
    a) jest   b) jesteś   c) jestem

3.13

Answer the questions.

Example: > Jaki on jest? (wysoki, gruby)
                 On jest wysoki i gruby.

1. Kto to jest? (dziewczyna)
....
2. Co to jest? (głowa)
....
3. Czy to jest Kamil? (nie)
....
4. Jaka ona jest? (ładny, sympatyczny)
....
5. Czy Maria ma czarne włosy i niebieskie oczy? (nie, brązowe włosy i zielone oczy).
....

4 WORK

Pali się! Pomocy!

Fire! Help!

In this lesson:

vocabulary: professions, workplaces, the advantages and disadvantages of different professions

grammar: nouns in the instrumental case (singular), the verb **pracować** (to work) in the singular, possessive pronouns in their singular form

IV WORK

STUDY THE NEW MATERIAL AND THEN COMPLETE THE EXERCISES BELOW.

- Cześć! Pracujesz tutaj? (Hi! Do you work here?)
- Tak. Jestem sekretarką. A ty? (Yes, I'm a secretary. And you?)
- Tak, ale mam tutaj tylko staż. Jestem jeszcze studentką. (Yes, but I am only doing an internship here. I'm still a student.)
- Powodzenia! (Good luck!)

To jest Wojtek. Wojtek pracuje w firmie międzynarodowej. On jest inżynierem. Jego praca jest bardzo ciekawa i dobrze płatna. Jest też bardzo stresująca.

This is Wojtek. Wojtek works for an international company. He is an engineer. His job is very interesting and well-paid. It is also very stressful.

GRAMMAR IN A NUTSHELL:

Nouns in the instrumental case (singular)

When you want to introduce someone (i.e. describe his / her nationality, profession, role, social relation), you can use two constructions:

> **To jest…** (This is…) which is an answer to the question **Kto to jest?** (Who is this?). In this construction we use the basic noun form – the nominative case, i.e.:
> - **To jest Hiszpan.** (This is a Spaniard.)
> - **To jest lekarka.** (This is a doctor. - female)

> a) **(ja) jestem, (ty) jesteś, on / ona / ono jest…** (I am, you are, he / she / it is…). These sentences answer a question **Kim on / ona / ono jest?** (Who is he / she / it?).
>
> b) **imię + jest…** (a name + is)
> In this contruction we use a verb in the correct form and decline a noun in the instrumental case. You have already seen this construction in Lesson 2, exercise 2.8.

Examples:
    Adam jest Hiszpanem. (Adam is a Spaniard.)
    Ona jest lekarką. (She is a doctor.)

The same rule applies when you point to a thing, i.e.:
- **Co to jest?** (What is this?) – **To jest wyspa.** (That is an island.)
- **Czym jest Korsyka?** (What is Korsyka?) – **Korsyka jest wyspą.** (Korsyka is an island.)

POLISH doesn't bite!

WORDS AND PHRASES:

Professions:
zawód (m) – a job, a profession
lekarz (m) / lekarka (f) – a doctor (he / she)
policjant (m) / policjantka (f)
– a policeman / a policewoman
sprzedawca (m) / sprzedawczyni (f)
– a shop assistant (he / she)
urzędnik (m) / urzędniczka (f)
– an office worker, a clerk (he / she)
nauczyciel (m) / nauczycielka (f) – a teacher (he / she)
sekretarz (m) / sekretarka (f) – a secretary (he / she)
kucharz (m) / kucharka (f) – a cook (he / she)
tłumacz (m) / tłumaczka (f) – a translator, an interpreter (he / she)
aktor (m) / aktorka (f) – an actor / an actress
konsultant (m) / konsultantka (f)
– a consultant (he / she)
prawnik (m) – a lawyer (he / she)
naukowiec (m) – a scientist (he / she)
informatyk (m) – an IT specialist (he / she)
architekt (m) – an architect (he / she)
strażak (m) – a fireman (he / she)
inżynier (m) – an engineer (he / she)
student (m) / studentka (f) – a student (he / she)
Kim jesteś (z zawodu)? // Kim pan / pani jest (z zawodu)? – What is your job? // What is your job? (sir / madam)
Jestem lekarzem / lekarką. – I'm a doctor.

Workplaces:
szpital (m) – a hospital
szkoła (f) – a school
fabryka (f) – a factory
sklep (m) – a shop
bank (m) – a bank
firma (f) – a company
biuro (n) – an office
restauracja (f) – a restaurant
laboratorium (n) – a laboratory
Gdzie pracujesz? // Gdzie pan / pani pracuje? – Where do you work // (sir / madam)?
Pracuję w szpitalu / w szkole / w fabryce / w sklepie / w banku / w firmie / w biurze / w restauracji / w laboratorium. – I work in a hospital / at a school / in a factory / in a shop / in a bank / in a company / in an office / in a restaurant / in a lab.

Work:
praca (f) – work / a job
pracodawca (m) – an employer (he / she)
dyrektor (m) – a manager (he / she)
pracownik (m) – an employee (he / she)
kolega (m) / koleżanka (f) z pracy
– a colleague (he / she)
emeryt (m) / emerytka (f) – a pensioner (he / she)
być na emeryturze – to be retired
pensja (f) – pay, a salary
Jaka jest twoja praca? // Jaka jest pana / pani praca? – What is your job like? // What is your job like (sir / madam)?
nudny (-a, -e) – boring
interesujący (-a, -e) – interesting
lekki (-a, -e) – easy, light
ciężki (-a, -e) – hard
stresujący (-a, -e) – stressful
spokojny (-a, -e) – quiet, peaceful
odpowiedzialny (-a, -e) – responsible
niebezpieczny (-a, -e) – dangerous
dobrze / źle płatny (-a, -e) – well-paid / badly-paid
Moja praca jest ciekawa. – My job is interesting.

EXERCISES

4.1
Match the questions with the correct answers.

Example: > Co to jest? + To jest komputer.

1. Kto to jest?
2. Kim jesteś z zawodu?
3. Gdzie pracujesz?
4. Jaka jest twoja praca?
5. Czy twoja praca jest ciekawa?
6. Czy to jest strażak?
7. Gdzie pracuje nauczyciel?
8. Czy jego praca jest dobrze płatna?

a) Moja praca jest interesująca.
b) Jestem architektem.
c) To jest nauczyciel.
d) Pracuję w laboratorium.
e) Nie, to jest lekarz.
f) Nauczyciel pracuje w szkole.
g) Tak, moja praca jest bardzo ciekawa.
h) Nie, jego praca jest źle płatna.

1. ..... 2. ..... 3. ..... 4. ..... 5. ..... 6. ..... 7. ..... 8. .....

4.2
See how the verb *pracować* (to work) has been configured and then complete the sentences using the correct form of the verb *pracować*.

> **pracować – to work**
> (ja) pracuję – I work
> (ty) pracujesz – you work
> on / ona / ono pracuje – he / she / it works
> pan / pani pracuje – you work (sir / madam)

Example: > Czy on **pracuje** w restauracji?

mini dictionary:
dzisiaj – today

1. Gdzie (ty) .... ?
2. Ona .... w banku.
3. Gdzie pan .... ?
4. (ja) .... w szpitalu.
5. On .... w biurze.
6. Gdzie pani .... ?
7. Marek nie .... w szpitalu, pracuje w banku.
8. (ty) .... dzisiaj?

4.3
Form the correct collocations.

1. Jestem studentką.
2. Jesteś inżynierem?
3. Jestem na emeryturze.
4. Jaka jest pana praca?

a) Już nie pracuję.
b) Moja praca jest nudna.
c) Tak, pracuję w firmie budowlanej.
d) Jeszcze nie pracuję.

mini dictionary:
jeszcze – yet
w firmie budowlanej – in a construction company
już – already

1. ..... 2. ..... 3. ..... 4. .....

4.4
What job do they have? Name the professions in the pictures and match the pictures with the descriptions.

mini dictionary:
na komisariacie – in a police-station
gotuje (on / ona / ono) – (he / she / it) cooks
potrawy (pl.) – dishes
jego – his
sprzedaje (on / ona / ono) – (he / she / it) sells
ubrania (pl.) – clothes

1. To jest ....

2. To jest ....

3. To jest ....

a) (on) Pracuje w restauracji. .....
b) (ona) Pracuje w sklepie. .....
c) (on) Pracuje na komisariacie. .....
d) (on) Gotuje potrawy. .....
e) Jego praca jest niebezpieczna. .....
f) (ona) Sprzedaje ubrania. .....

mini dictionary:
w biurze projektowym – in a design studio
w biurze tłumaczeń – in a translation agency
w dziale handlowym – in a sales department

4.5
Match the people to the jobs described.

1. Sylwia… 2. Artur… 3. Marta… 4. Agata…

a) …jest naukowcem. Pracuje w laboratorium. Jego praca jest ciekawa.
b) …jest architektem. Pracuje w biurze projektowym. Jej praca jest spokojna.
c) …jest konsultantką. Pracuje w dziale handlowym. Jej praca jest stresująca.
d) …jest lekarką. Pracuje w szpitalu. Jej praca jest odpowiedzialna.

4.6
Study the table of nouns in the instrumental case form and complete the exercise below.

instrumental – some irregular forms:
naukowiec – naukowcem
ojciec – ojcem (= Niemiec – Niemcem)
mąż – mężem
wujek – wujkiem
dziadek – dziadkiem
imię – imieniem

singular	To jest… (nominative)	(ja) jestem, (ty) jesteś, on / ona / ono jest… (instrumental)
on (m)	brat Polak kolega	bratem Polakiem (if preceded by **k-** or **g-**) kolegą
ona (f)	matka pani	matką panią
ono (n)	dziecko małżeństwo	dzieckiem (if preceded by **k-** or **g-**) oni są małżeństwem (they are a married couple)

To jest Polak. (This is a Pole.)   On jest Polakiem. (He is a Pole.)

Instrumental masculine and neuter singular nouns end in **-em** (or **-iem** if preceded by the consonants **k-** or **g-**). Feminine singular nouns and masculine nouns ending in **-a** take the ending **-ą**.

Complete the sentences using the correct form for the nouns.

Example: > aktor / aktorka: On jest **aktorem**. Ona jest **aktorką**.

mini dictionary:
Agaty – Agatha's
Anny – Anna's
Piotra – Peter's

1. lekarz / lekarka: On jest .... Ona jest ....
2. student / studentka: On jest .... Ona jest ....
3. prawnik / prawniczka: Jestem .... Ona jest ....
4. dyrektor: On jest .... Ona jest ....
5. kolega / koleżanka: On jest .... Anny. Ona jest .... Anny.
6. syn / córka: Jestem .... Agaty. Jesteś .... Agaty.
7. mąż / żona: Piotr jest .... Agaty. Agata jest .... Piotra.
8. dziecko: Tomek jest .... Piotra i Agaty.

4.7
Complete the crossword using the instrumental case as shown in the example.

Example: > To jest pielęgniarka. Marta jest **pielęgniarką**.

1. To jest pilot. Robert jest ....
2. To jest kucharka. Monika jest ....
3. To jest strażak. Pan Kowalski jest ....
4. To jest policjant. Kamil jest ....
5. To jest lekarka. Jestem ....

Rozwiązanie: ....

Did you know?

Śmigus-dyngus, or **Wet Monday**, is a custom celebrated in Poland on Easter Monday when people sprinkle each other with water. In the past it was believed that being sprinkled with water would bring luck or, in the case of single girls, mean an imminent marriage.

4.8
Complete the sentences with the correct adjectives.

Example: > Moja praca nie jest trudna. Jest **łatwa**.

> ciężka   źle płatna   spokojna   interesująca

1. Moja praca nie jest nudna. Jest ....
2. Moja praca nie jest lekka. Jest ....
3. Moja praca nie jest stresująca. Jest ....
4. Moja praca nie jest dobrze płatna. Jest ....

4.9
Complete the text using the correct form for the words given.

Example: > Jestem **prawnikiem**. (prawnik)

mini dictionary:
dobry (-a, -e) – good
często – often
dużo – a lot
podróżuje (on / ona / ono) – (he / she / it) travels
w interesach – on business
zadowolony ze swojej pracy – satisfied with his job

To jest Karol Radomski. Karol jest Polakiem. (1) .... (he works) w firmie międzynarodowej. On jest (2) .... (IT specialist). (3) To jest dobry .... (employee). Jego praca jest bardzo trudna, (4) .... (responsible) i stresująca. Karol dużo pracuje i często podróżuje w interesach. Jest bardzo zadowolony ze swojej pracy.

4.10
GRAMMAR: possessive pronouns in the singular form

Study the table, read the examples and then complete the exercise below.

singular	**on** (brat, kolega) **Czyj?** (Whose?)	**ona** (matka) **Czyja?** (Whose?)	**ono** (dziecko) **Czyje?** (Whose?)
ja	mój (my)	moja (my)	moje (my)
ty	twój (your)	twoja (your)	twoje (your)
on, ono	jego (his / its)		
ona	jej (her)		

Examples:
- **Czyj to jest brat? To jest mój brat.** (Whose brother is that? That is my brother.)
- **Czyja to jest matka? To jest twoja matka.** (Whose mother is that? That is your mother. – II person singular)
- **Czyje to jest dziecko? To jest jego dziecko.** (Whose child is that? That is his child.)

Note:
that the forms **jego / jej** stay the same for all the genders of a noun.

Complete with the correct possessive pronouns.

Example: > **twoja** nauczycielka. (ty)

1. .... żona (ja)
2. .... szef (ty)
3. .... brat (on)
4. .... kolega (ja)
5. .... praca (ona)
6. .... biuro (on)
7. .... sklep (ja)
8. .... nazwisko (ty)
9. .... gazeta (on)
10. .... rower (ono)

mini dictionary:
szef (m) – a boss
nazwisko (n) – a surname
gazeta (f) – a newspaper
rower (m) – a bicycle

4.11
Complete the texts using the correct possessive pronouns in the singular form.

Example: > (ja) To jest **moja** rodzina.

1. (ja) To jest .... (1) rodzina. .... (2) ojciec nazywa się Jan, a .... (3) matka nazywa się Zofia. .... (4) mąż nazywa się Tomek. .... (5) dziecko nazywa się Dominik.

2. (ty) Czy to jest .... (6) rodzina? Jak nazywa się .... (7) mąż i .... (8) dziecko?

3. (ona) To jest Ewa. To jest .... (9) mąż. To jest .... (10) dziecko.

4. (on) To jest Jacek. To jest .... (11) brat. To jest .... (12) siostra. .... (13) brat ma na imię Piotr, a .... (14) siostra to Agata.

TEST YOURSELF!

4.12

Choose the correct answer: a, b or c.

mini dictionary:
aktorka (f) – an actress
torebka (f) – a handbag, a bag

Example: > Tomek jest inżynierem. Pracuje **w firmie**.
   a) w firmie   b) w sklepie   c) na uniwersytecie

1. (ja) .... w szpitalu.
   a) Pracujesz   b) Pracuję   c) Pracuje
2. To jest .... kolega z pracy.
   a) twój   b) twoje   c) twoja
3. To jest moja ....
   a) syn   b) matka   c) dziecko
4. Karol jest nauczycielem. Pracuje ....
   a) w restauracji   b) w szkole   c) w banku
5. Moja praca nie jest interesująca. Jest ....
   a) niebezpieczna   b) lekka   c) nudna
6. Monika jest ....
   a) aktorką   b) aktorem   c) aktorka
7. To jest ....
   a) Polak   b) Polakiem   c) Polką
8. .... to jest torebka?
   a) Czyja   b) Czyje   c) Czyj

4.13

Answer the questions in this lesson.

mini dictionary:
książka (f) do polskiego – a Polish textbook

Example: > Gdzie pracujesz? **Pracuję w banku.**

1. Kim jesteś jest z zawodu?
   ....
2. Gdzie pracujesz?
   ....
3. Jaka jest twoja praca?
   ....
4. Czyja to jest książka do polskiego? (ja)
   To jest ....
5. Czy jesteś studentem / studentką?
   Tak / Nie ....

5 SPORT AND LEISURE

Jak podajesz?!

How are you passing?!

In this lesson:

vocabulary: sport disciplines, sports equipment, hobbies and interests
grammar: the verb **lubić** (to like), verbs ending in **-ować**, adjectives and possessive pronouns in the instrumental singular

STUDY THE NEW MATERIAL AND THEN COMPLETE THE EXERCISES BELOW.

- Tomek! Jesteś bardzo wysportowany! (Tomek! You're very fit!)
- Dziękuję! Lubię chodzić na siłownię. Lubię ćwiczyć. A ty? (Thank you. I like going to the gym. I enjoy doing physical exercise. And you?)
- Ja lubię pływać i jeździć na rowerze. (I like swimming and cycling.)
- A ja lubię jeździć na nartach! (And I like skiing!)

Tomek interesuje się sportem. Lubi oglądać mecze. Lubi też grać w piłkę nożną. Tomek dużo trenuje. On jest młodym i ambitnym sportowcem.

Tomek is interested in sport. He likes watching football matches. He also likes playing football. He trains a lot. He is a young and ambitious sportsman.

GRAMMAR IN A NUTSHELL:

The verb **lubić** (to like) conjugates in the same way as the verb **mówić** (to speak):

mówić	lubić
mów**ię**	**(ja) lubię** – I like
mów**isz**	**(ty) lubisz** – you like
mów**i**	**on / ona / ono lubi** – he / she / it likes
mów**i**	**pan / pani lubi** – you like (formal)

The verb **interesować się** (to be interested) conjugates in the same way as the verb **pracować** (to work). In this lesson you will find few other verbs ending in **-ować** which conjugate in the same way: **spacerować** (to walk), **podróżować** (to travel), **żeglować** (to go saling), **trenować** (to train).

pracować	interesować się
prac**uję**	**(ja) interesuję się** – I am interested
prac**ujesz**	**(ty) interesujesz się** – you are interested
prac**uje**	**on / ona / ono interesuje się** – he / she / it is interested
prac**uje**	**pan / pani interesuje się** – you are interested (formal)

WORDS AND PHRASES:

Sport:
sport (m) – sport
uprawiać sport – to practise sport
sportowiec (m) – a sportsman (he / she)
piłka (f) nożna – football
koszykówka (f) – basketball
siatkówka (f) – volleyball
tenis (m) – tennis
golf (m) – golf
gimnastyka (f) – gymnastics
aerobik (m) – aerobics
uprawiać gimnastykę / aerobik – to do gymnastics / to do aerobics
grać w piłkę nożną / w koszykówkę / w siatkówkę / w tenisa / w golfa – to play football / basketball / volleyball / tennis / golf
chodzić na siłownię / na basen / na lodowisko / do klubu fitness – to go to the gym / to the swimming pool / to the ice rink / to the fitness club
jeździć na rowerze / nartach / łyżwach – to go cycling / skiing / ice skating
pływanie (n) / pływać – swimming / to swim
bieganie (n) / biegać – running / to run
żeglować – to go sailing
ćwiczyć – to exercise
trenować – to train
oglądać mecz / mecze (pl.) – to watch a match / matches
wysportowany (-a, -e) – fit

Sports equipment:
piłka (f) – a ball
piłeczka (f) golfowa – a golf ball
kij (m) golfowy – a club
piłeczka (f) tenisowa – a tennis ball
rakieta (f) tenisowa – a tennis racket
kosz (m) – a basket / rower (m) – a bicycle
siatka (f) – a net / sanki (pl.) – a sledge
łyżwy (pl.) – skates / narty (pl.) – skis

Hobbies and interests:
oglądać telewizję – to watch TV
czytać książki / gazety – to read books / newspapers
grać na gitarze / na pianinie – to play the guitar / to play the piano
grać na komputerze – to play computer games
słuchać muzyki – to listen to music
spotykać się z przyjaciółmi – to meet friends
spacerować – to walk, to stroll
podróżować – to travel
robić zdjęcia – to take photos
chodzić do kina / do teatru / do muzeum – to go to the cinema / theatre / museum
Co lubisz robić? – What do you like doing?
Co pan / pani lubi robić? – What do you like doing (sir, madam)?
Lubię czytać książki. – I like reading books.
polityka (f) – politics
fotografia (f) – photography
historia (f) – history / sztuka (f) – art
kino (n) europejskie / amerykańskie – European / American cinema
polski (-a, -ie) – Polish, francuski (-a, -ie) – French, angielski (-a, -ie) – English, niemiecki (-a, -ie) – German, rosyjski (-a, -ie) – Russian, włoski (-a, -ie) – Italian, hiszpański (-a, -ie) – Spanish
literatura (f) polska – Polish literature
teatr (m) polski – Polish theatre
malarstwo (n) polskie – Polish painting
muzyka (f) klasyczna / jazzowa / rockowa – classical music / jazz / rock
taniec (m) współczesny – modern dance
Czym się interesujesz? – What are you interested in?
Czym pan / pani się interesuje? – What are you interested in (sir, madam)?
Interesuję się tańcem współczesnym. – I'm interested in modern dance.

www.jezykiobce.pl

EXERCISES

mini dictionary:
sport (m) – sport
(nominative)
sportem – sport
(instrumental)
teatr (m) – a theatre
(nominative)
teatrem – a theatre
(instrumental)

5.1
Match the sentences with the correct responses.

Example: > Co lubisz robić? + Lubię jeździć na nartach.

1. Czym się interesujesz?
2. Co lubisz robić?
3. Czy interesujesz się sportem?
4. Co on lubi robić?

a) Nie, nie interesuję się sportem
b) Lubię chodzić na basen.
c) On lubi słuchać muzyki.
d) Interesuję się teatrem.

1. ..... 2. ..... 3. ..... 4. .....

5.2
Write the verbs that describe the sport disciplines under the pictures and then match them to the nouns.

1. ………   2. ………   3. ………   4. ………

a) bieganie
b) piłka nożna
c) pływanie
d) tenis

mini dictionary:
w górach
– in the mountains
w parku
– in the park
w lesie
– in the forest
na lodowisku
– on the ice rink

5.3
Match the pictures with the phrases.

1. ………   3. ………

a) jeździć na nartach w górach
b) jeździć na rowerze w parku
c) jeździć na sankach w lesie
d) jeździć na łyżwach
    na lodowisku

2. ………   4. ………

5.4

Complete the gaps using the correct form for the verbs: *lubić, interesować się, trenować, spacerować, żeglować.*

Note:
The verb **interesować się** is followed by a noun in the instrumental.

Example: > ona [interesuje się]

1. lubić: ty [   ]   ja [   ]   ona [   ]
2. interesować się: ja [   ]   pani [   ]   ty [   ]
3. trenować: on [   ]   ty [   ]   ja [   ]
4. spacerować: pan [   ]   ja [   ]   ty [   ]
5. żeglować: ty [   ]   ona [   ]   ja [   ]

5.5

In the diagram find seven verbs referring to leisure activities and then match them with the correct words in the box to create expressions.

O	G	L	Ą	D	A	Ć	P	U	U
J	O	A	S	D	W	Z	O	H	P
K	A	W	E	R	A	Ą	U	G	R
S	Ł	U	C	H	A	Ć	I	R	A
R	L	T	H	T	S	Ś	Ń	E	W
O	U	R	O	R	D	Y	Ę	G	I
B	Y	E	D	N	P	O	Ż	R	A
I	I	I	Z	C	Z	Y	T	A	Ć
Ć	M	K	I	B	T	L	D	A	J
G	R	A	Ć	N	M	K	S	A	K

zdjęcia / książki / muzyki / telewizję / sport / na gitarze / do kina

1. ....
2. ....
3. ....
4. ....
5. ....
6. ....
7. ....

www.jezykiobce.pl

mini dictionary:
codziennie
– every day
po Europie
– around Europe
romantyczny
(-a, -e) – romantic

5.6
Complete the sentences using the correct verb form.

Example: > Dominik **lubi** uprawiać sport. (lubić)

1. Kamil jest wysoki i wysportowany. .... (lubić) grać w koszykówkę. On codziennie .... (trenować).
2. Jestem Jola. Bardzo .... (lubić) robić zdjęcia. Często .... (podróżować) po Europie.
3. Moja koleżanka Ola .... (żeglować). Ona (lubić) .... też oglądać telewizję.
4. Jestem romantyczny. Często .... (spacerować). .... (lubić) grać na gitarze.

5.7
GRAMMAR: adjectives and possessive pronouns in the instrumental singular

Study the table and complete the exercise below.

You already know that in Polish the form for adjectives must correspond to the form of the noun they refer to.

singular	nominative	instrumental
on (m)	wesoły chłopak (a cheerful boy) wysoki mężczyzna (a tall man)	weso**łym** chłopakiem wyso**kim** mężczyzną (if preceded by -k or -g)
ona (f)	wesoła dziewczyna (a cheerful girl) wysoka kobieta (a tall woman)	weso**łą** dziewczyną wyso**ką** kobietą
ono (n)	wesołe dziecko (a cheerful child) polskie kino (the Polish cinema)	weso**łym** dzieckiem pols**kim** kinem (if preced by -k, -g)

Compare:
Ona jest sympatyczna. (She is nice.)
Ona jest sympatyczną studentką. (She is a nice student.)

To jest sympatyczna studentka. (This is a nice student.)
Ona jest sympatyczną studentką. (She is a nice student.)

In the instrumental masculine and neuter singular adjectives take the ending **-ym** (or **-im** if preceded by the consonant **k-** or **g-**). Feminine singular adjectives use the ending **-ą**.

Choose the correct form for the adjectives.

Example: > Tomek jest **wesołym** / wesołą chłopakiem.

1. Alicja jest miłym / miłą dziewczyną.
2. Jestem wysoką / wysokim chłopakiem.
3. Ona jest ambitnym / ambitną studentką.
4. On jest dowcipnym / dowcipną mężczyzną.
5. Jesteś inteligentnym / inteligentną chłopakiem.
6. Piotr jest dobrą / dobrym prawnikiem.
7. Jesteś pięknym / piękną kobietą.
8. Damian jest sympatycznym / sympatyczną dzieckiem.

mini dictionary:
ambitny (-a, -e)
– ambitious
inteligentny
(-a, -e) – intelligent
dowcipny (-a,-e)
– witty

5.8
GRAMMAR: possessive pronouns – instrumental case

Study the table and complete the exercise below.

The same rule regarding instrumental endings applies to possessive pronouns as well.

singular	nominative		instrumental	
on (m)	mój twój jego / jej	brat	moim twoim jego / jej	brat**em**
ona (f)	moja twoja jego / jej	matka	moją twoją jego / jej	matk**ą**
ono (n)	moje twoje jego / jej	dziecko	moim twoim jego / jej	dzieck**iem**

Examples:
To jest mój brat. (This is my brother.)
Robert jest moim bratem. (Robert is my brother.)

To jest moja dziewczyna. (This is my girlfriend.)
Anna jest moją dziewczyną. (Anna is my girlfriend.)

To jest jej uczeń. (This is her pupil.)
Marek jest jej uczniem. (Marek is her pupil.)

mini dictionary:
uczeń (m) – a pupil
(nominative)
uczniem – a pupil
(instrumental)

mini dictionary:
sąsiadka (f)
– a neighbour (female)
koleżanka (f)
– a friend (female)

Note:
The verb **interesować się** (to be interested) is followed by nouns, adjectives and pronouns in the instrumental – the form of noun you have studied in this unit.

Complete the sentences using the correct form for the personal pronoun.

Example: > Joanna jest **moją** siostrą. (moja)

1. Piotr jest .... bratem? (twój)
2. Ewa jest .... dzieckiem. (moje)
3. Dominika jest .... siostrą. (jego)
4. Jestem .... kolegą. (twój)
5. Jesteś .... koleżanką. (moja)
6. Pani Nowak jest .... sąsiadką. (moja)
7. Pani Kowalska jest .... nauczycielką. (jej)
8. Jan jest .... dziadkiem. (jego)

5.9

Czym on / ona się interesuje? Complete the sentences using the correct form of the given words.

Example: > Piotr interesuje się **fotografią**. (fotografia)

1. Nazywam się Monika. Jestem studentką. Interesuję się
.... (polityka europejska)
i .... (malarstwo)
2. Jestem Marek. Jestem studentem. Interesuję się
.... (kino francuskie)
i .... (muzyka)
3. Nazywam się Jolanta Borecka. Jestem lekarką. Interesuję się
.... (teatr włoski)
i .... (literatura polska)
4. Nazywam się Jan. Jestem emerytem. Interesuję się
.... (sport)
i .... (sztuka współczesna)
5. Mam na imię Paweł. Jestem architektem. Interesuję się
.... (piłka nożna)
i .... (historia)

> **Did you know?**
>
> The **Łazienki Królewskie** is a Warsaw park and palace which dates back to the 18th Century. Among other things, there is a Palace on the Water, an orangery, and an amphitheatre. In the park you can also see a monument to Chopin. Each summer Chopin recitals are held next to it.

5.10
What sports do you associate with the words given? Complete the crossword and answer the question below.

1. kosz, piłka, boisko, grać
2. basen, pływać
3. piłeczka golfowa, kij golfowy, grać
4. klub fitness, uprawiać
5. siatka, piłka, boisko, grać

Rozwiązanie: ....
Czy interesujesz się sportem? Tak / Nie, ...

5.11
Form correct sentences from the words given below.

Example: > Paweł / w koszykówkę / grać / lubi
Paweł lubi grać w koszykówkę.

1. nartach / lubię / jeździć / na

....

2. kina / chodzić / Adam / lubi / do

....

3. interesuje się / Anna / współczesnym / tańcem

....

4. zagraniczną / interesuje się / Edyta / polityką

....

5. lubi / muzyki / Robert / słuchać / i chodzić / na koncerty

....

6. francuskim / fotografią / interesuję się / i malarstwem

....

7. oglądać / lubię / i robić / telewizję, / zdjęcia / rysować

....

8. interesuje się / polską / koleżanka / literaturą / moja

....

mini dictionary:
zagraniczny (-a, -e)
– foreign
na koncerty
– to the concerts
rysować – to draw

TEST YOURSELF!

mini dictionary:
żeglarstwo (n)
– sailing
(nominative)
żeglarstwem
– sailing
(instrumental)

5.12
Choose the correct answer: a, b or c.

Example: > (ja) **Interesuję się** sztuką.
           a) Interesuję się   b) Interesujesz się   c) Interesujesz się

1. On często ....
   a) spaceruję   b) spacerujesz   c) spaceruje
2. (ja) .... grać w koszykówkę.
   a) Lubisz   b) Lubię   c) Lubi
3. czytać ....
   a) książki   b) muzyki   c) telewizję
4. słuchać ....
   a) zdjęcia   b) z kolegami   c) muzyki
5. grać ....
   a) na siłownię   b) sport   c) w piłkę nożną
6. chodzić ....
   a) na komputerze   b) do teatru   c) na rowerze
7. Jola .... żeglarstwem.
   a) interesuję się   b) interesuje się   c) interesuje
8. On jest .... bratem.
   a) mój   b) moim   c) moją

mini dictionary:
a – and (indicate a contrast)

5.13
Answer the questions.

Example: > Co pan lubi robić?
           Lubię czytać książki.

1. Czym się interesujesz?
....
2. A twój kolega / twoja koleżanka? Czym on / ona się interesuje?
On / Ona ....
3. Co lubisz robić?
....
4. A twój kolega / twoja koleżanka? Co on / ona lubi robić?
On / Ona ....

6 | TIME AND NUMBERS

Liczydło – ratunek dla każdego biznesmena.

Abacus – a solution for every businessman.

In this lesson:

vocabulary: cardinal numbers (0-100), ordinal numbers (1-24), telling the time
grammar: personal pronouns and the polite form in the plural, the verbs: **być, mieć, nazywać się, mówić, pracować** in plural

STUDY THE NEW MATERIAL AND THEN COMPLETE THE EXERCISES BELOW.

- Aneta, jaki masz numer telefonu?
  (Aneta, what is your phone number?)
- 567178201. (567178201.)
- Czy to jest numer telefonu komórkowego?
  (Is this your mobile phone number?)
- Tak, zgadza się. (Yes, it is.)

- Robert, która jest godzina? (Robert, what time is it?)
- Jest jedenasta. (It's eleven o' clock.)
- Dziękuję. (Thank you.)
- O której godzinie jest zebranie? (What time is the meeting?)
- O dwunastej. (At twelve.)

GRAMMAR IN A NUTSHELL:

Personal pronouns and polite forms in the plural:

my – we
wy – you
oni – they
one – they
państwo – you

Note:
The pronoun **oni** refers to a group of people containing males (it can be either a group of men or a group of men and women). The pronoun **one** refers to a group of women, children, women and children, a group of animals or things.

The polite form **państwo** is used in formal conversations when we address a group of people.

być
(my) jesteśmy – we are
(wy) jesteście – you are
oni / one są – they are
państwo są – you are (formal)

mieć
(my) mamy – we have
(wy) macie – you have
oni / one mają – they have
państwo mają – you have (formal)

nazywać się
(my) nazywamy się – our names are
(wy) nazywacie się – your names are
oni / one nazywają się – their names are
państwo nazywają się – your names are (formal)

mówić
(my) mówimy – we speak
(wy) mówicie – you speak
oni / one mówią – they speak
państwo mówią – you speak (formal)

pracować
(my) pracujemy – we work
(wy) pracujecie – you work
oni / one pracują – they work
państwo pracują – you work (formal)

Note:
The pronouns **my**, **wy** are used optionally in spoken Polish, and in the written language they are not used at all.

WORDS AND PHRASES:

Numbers:
0 – zero
1 – jeden
2 – dwa
3 – trzy
4 – cztery
5 – pięć
6 – sześć
7 – siedem
8 – osiem
9 – dziewięć
10 – dziesięć
11 – jedenaście
12 – dwanaście
13 – trzynaście
14 – czternaście
15 – piętnaście
16 – szesnaście
17 – siedemnaście
18 – osiemnaście
19 – dziewiętnaście
20 – dwadzieścia
21 – dwadzieścia jeden
22 – dwadzieścia dwa
30 – trzydzieści
40 – czterdzieści
50 – pięćdziesiąt
60 – sześćdziesiąt
70 – siedemdziesiąt
80 – osiemdziesiąt
90 – dziewięćdziesiąt
100 – sto

Telling the time:
Która (jest) godzina?
– What time is it?
Jest… (used optionally)
– It is…
1:00 – pierwsza
2:00 – druga
3:00 – trzecia
4:00 – czwarta
5:00 – piąta
6:00 – szósta
7:00 – siódma
8:00 – ósma
9:00 – dziewiąta
10:00 – dziesiąta
11:00 – jedenasta
12:00 – dwunasta
13:00 – trzynasta
14:00 – czternasta
15:00 – piętnasta
16:00 – szesnasta
17:00 – siedemnasta
18:00 – osiemnasta
19:00 – dziewiętnasta
20:00 – dwudziesta
21:00 – dwudziesta pierwsza
22:00 – dwudziesta druga
23:00 – dwudziesta trzecia
24:00 – dwudziesta czwarta

O której godzinie? – What time…?
O której godzinie jest… (zebranie)? – What time is… (the meeting)?
O ósmej. – At eight.

Asking a phone number:
Jaki masz numer telefonu?
– What is your phone number?
Jaki ma pan / pani numer telefonu? – What is your phone number? (sir / madam)
numer (m) telefonu komórkowego
– a mobile phone number

EXERCISES

6.1
Match the sentences with the correct responses.

Example: > O której masz spotkanie? + O 15:30.

1. Która jest godzina?   a) 587 340 989   1. ......
2. O której godzinie jest zebranie? b) (Jest) 14:20.   2. ......
3. Jaki masz numer telefonu?   c) Tak.   3. ......
4. Czy to jest numer telefonu komórkowego? d) O 17:00.   4. ......

6.2

mini dictionary:
uczennica (f)
– a pupil (female)

Complete the following phrases using the correct pronouns: *my, wy, oni, one* or *państwo*.

Example: > ja i mój brat – **my**

1. Tomek i Robert –   ....
2. ja i moja siostra –   ....
3. Anna i Ewa –   ....
4. ty i twój syn –   ....
5. pan Nowak i pani Nowak –   ....
6. Monika i jej mąż –   ....
7. Julia i jej koleżanka –   ....
8. Tomek i jego żona –   ....
9. uczeń i uczennica –   ....

6.3

mini dictionary:
kot (m) – a cat
koty (pl.) – cats
ryba (f) – a fish
ryby (pl.) – fish
ryb (pl.) – fish (genitive)
klocki (pl.) – bricks
klocków (pl.) – bricks (genitive)
książki (pl.) – books

Note:
Some numbers are followed by a noun in the genitive.

Write the correct numbers under the pictures.

1. .... koty

2. .... ryb

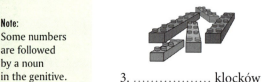

3. .... klocków

4. .... książki

6.4
Solve the equations.

Example: > jeden + dwa = trzy

1. siedem − trzy = ...
2. trzy × dwa = ...
3. siedem − cztery = ...
4. dziesięć + dziewięć = ...
5. osiem + siedem = ...
6. dwa + osiem = ...
7. cztery + pięć = ...
8. dziesięć + sześć = ...
9. dwanaście − pięć = ...
10. dwadzieścia − piętnaście = ...

mini dictionary:
+ plus
− minus
× razy
= równa się

6.5
Write the numbers using words.

Example: > 1 − **jeden**

1. 25 − ....
2. 15 − ....
3. 30 − ....
4. 42 − ....
5. 58 − ....
6. 99 − ....
7. 35 − ....
8. 50 − ....
9. 46 − ....
10. 23 − ....

Note:
Days of the week in Polish
poniedziałek (m) − Monday
wtorek (m) − Tuesday
środa (f) − Wednesday
czwartek (m) − Tuesday
piątek (m) − Friday
sobota (f) − Saturday
niedziela (f) − Sunday

w poniedziałek − on Monday
we wtorek − on Tuesday
w środę − on Wednesday
w czwartek − on Tuesday
w piątek − on Friday
w sobotę − on Saturday
w niedzielę − on Sunday

6.6
Complete the sentences using the correct form of the verbs *być* and *mieć*.

Example: > One **są** z Niemiec. (być)

1. (my) .... z Polski. (być)
2. Michel i Marie .... z Francji. (być)
3. Jaki (wy) .... numer telefonu? (mieć)
4. Skąd (wy) .... ? (być)
5. Oni .... niebieskie oczy. (mieć)
6. (my) .... czarne włosy. (mieć)
7. Skąd państwo .... ? (być)
8. Ewa i Julia .... zielone oczy. (mieć)
9. (ja) .... nudną pracę. (mieć)
10. On .... lekarzem. (być)

6.7

Complete the table with the correct cardinal numbers and the forms of ordinal numbers used to tell the time.

	cardinal numbers	forms of ordinal numbers used to tell the time
1.	jeden	
2.	dwa	
3.		trzecia
4.	pięć	
5.		ósma
6.	dziesięć	
7.	dwanaście	
8.		czternasta
9.	osiemnaście	
10.		dziewiętnasta
11.	dwadzieścia	

6.8

Complete the sentences using the correct form of the verb *mieć*.

1. Anna .... królika.
2. Marcin .... bardzo ciekawą pracę.
3. Monika .... dzisiaj urodziny.
4. Ile .... lat? (ty)
5. Marta .... dwoje dzieci.
6. Państwo Rossi .... samochód.
7. Czy one .... duży dom?
8. Czy .... zeszyty? (wy)

mini dictionary:
królik (m) – a rabbit
królika – a rabbit (accusative)
urodziny (pl.) – birthday
Ile masz lat? – How old are you?
dwoje dzieci – two children
dom (m) – a house
zeszyty (pl.) – notebooks

Did you know?

One of Poland's favourite national dishes is **bigos**. The dish is made of sauerkraut (a kind of specially prepared cabbage), meat, dried mushrooms and plums. Traditionally, **bigos** should be stewed for a few days to enhance its flavour.

6.9
Complete sentences using the correct form of the verbs: *nazywać się, mówić, pracować.*

Example: > Gdzie (wy) **pracujecie**? (pracować)

1. Jak one się .... ? (nazywać)
2. Oni .... w firmie międzynarodowej. (pracować)
3. (my) .... po polsku i po angielsku. (mówić)
4. Jak (wy) się .... ? (nazywać)
5. (my) .... w banku. (pracować)
6. Tomek i Anna .... po francusku. (mówić)
7. Gdzie państwo .... ? (pracować)
8. (wy) .... dobrze po hiszpańsku. (mówić)
9. Anna jest księgową. .... w dużej firmie. (pracować)
10. Paweł .... bardzo cicho. (mówić)
11. Ta firma .... się „Moda". (nazywać)
12. Jak .... się ta kobieta? (nazywać)

mini dictionary:
międzynarodowy (-a, -e)
– international
dobrze – well
księgowa (f)
– an accountant (female)
duży (-a, -e) – big
cicho – quietly
moda (f) – fashion

6.10
Która jest godzina? Make the correct sentences.

1. (Jest) ....

2. (Jest) ....

3. (Jest) ....

4. (Jest) ....

5. (Jest) ....

6. (Jest) ....

mini dictionary:
północ (f)
– midnight
południe (n)
– noon
Jest północ. / południe.
– It's midnight. / It's noon.
rano (n) – morning, in the morning
w południe
– at noon
po południu
– in the afternoon
wieczorem
– in the evening
w nocy – at night

Other examples:
czwarta
– o czwartej
dziewiąta
– o dziewiątej

Remember:
druga – o drug**iej**

6.11
Study the table and complete the exercise below.

	Która jest godzina? (What time is it?)	O której godzinie? (What time... something happens?)
1:00	pierwsz**a**	o pierwsz**ej**
1:10	pierwsz**a** dziesięć	o pierwsz**ej** dziesięć
1:15	pierwsz**a** piętnaście	o pierwsz**ej** piętnaście
1:30	pierwsz**a** trzydzieści	o pierwsz**ej** trzydzieści
1:45	pierwsz**a** czterdzieści pięć	o pierwsz**ej** czterdzieści pięć

Która jest godzina? Write the time using numbers.

Example: > jedenasta trzydzieści pięć – 11:35

1. szósta – ....
2. druga pięćdziesiąt – ....
3. czwarta piętnaście – ....
4. siódma trzydzieści – ....
5. piętnasta – ....
6. osiemnasta – ....
7. szesnasta dziesięć – ....
8. dwudziesta pierwsza – ....
9. trzecia dwadzieścia – ....
10. jedenasta pięć – ....

6.12
Complete the sentences.

mini dictionary:
idę – I go
wracam do domu
– I turn back home
jem – I eat
na basen
– to the swimming pool
czytam – I read
idę spać – I go to sleep

Example: > O **dwudziestej trzydzieści** (20:30) idę do kina.

1. O .... (15:30) wracam do domu.
2. O .... (8:15) jem śniadanie.
3. O .... (17:45) idę na basen.
4. O .... (19:00) czytam książkę.
5. O .... (13:10) jem obiad.
6. O .... (23:00) idę spać.

6.13

Która jest godzina? Write the time using words.

Example: > 11:10 – **(jest) jedenasta dziesięć**

1. 09:05 – ....
2. 07:20 – ....
3. 05:30 – ....
4. 10:15 – ....
5. 12:40 – ....
6. 15:15 – ....
7. 06:10 – ....
8. 20:00 – ....
9. 17:30 – ....
10. 09:25 – ....
11. 23:05 – ....
12. 21:15 – ....

Note:
1:05 – pierwsza pięć = pięć po pierwszej
1:10 – pierwsza dziesięć = dziesięć po pierwszej
1:15 – pierwsza piętnaście = piętnaście po pierwszej
1:30 – pierwsza trzydzieści = wpół do drugiej
1:45 – pierwsza czterdzieści pięć = za piętnaście druga

6.14
Write what time Monika usually does the following things.

08:00 – *BASEN*
10:00 – *TELEFON*
11:00 – *ROWER*
16:00 – *TENIS*
18:00 – *KINO*
19:00 – *KSIĄŻKA*
20:00 – *KOLACJA*

Example: > Monika lubi chodzić na basen – **o ósmej.**

1. Monika lubi chodzić na basen – ....
2. Monika lubi rozmawiać przez telefon z matką – ....
3. Monika lubi jeździć na rowerze – ....
4. Monika lubi grać w tenisa – ....
5. Monika lubi chodzić do kina – ....
6. Monika lubi czytać książkę – ....
7. Monika lubi jeść kolację – ....

mini dictionary:
rozmawiać
– to talk
przez telefon
– on the phone
telefon (m)
– a phone
z matką – with / to (her) mother

TEST YOURSELF!

6.15
Choose the correct answer: a, b or c.

Example: > 5 – **a) pięć**
         a) pięć   b) piętnaście   c) pięćdziesiąt

1. Monika i Ewa – ....
    a) oni   b) one   c) państwo
2. Robert i Agata – ....
    a) oni   b) one   c) państwo
3. oni ....
    a) są   b) jesteśmy   c) jesteście
4. my ....
    a) macie   b) mają   c) mamy
5. 3 + 13 = ...
    a) sześć   b) szesnaście   c) sześćdziesiąt
6. (Jest) 17:00. – (Jest) ....
    a) o siedemnastej   b) siedemnaście   c) siedemnasta
7. (Jest) druga. – (Jest) ....
    a) 02:00   b) 12:00   c) 20:00
8. o 04:00 – o ....
    a) cztery   b) czwartej   c) czwarta

mini dictionary:
jesz – (you) eat

6.16
Answer the questions below.

Example: > Która jest godzina?
              Jest czternasta dwadzieścia.

1. Jaki masz numer telefonu?
....
2. Która jest godzina?
....
3. O której godzinie jest zebranie? (16:00)
....
4. O której godzinie jesz kolację?
    Jem ....

7 FOOD

Uwielbiam kuchnię francuską!

I love French cuisine!

In this lesson:

vocabulary: food, drinks, fruit and vegetables, at a café and in a restaurant
grammar: the verbs: **pić** (to drink) and **jeść** (to eat), nouns and adjectives in the accusative singular

STUDY THE NEW MATERIAL AND THEN COMPLETE THE EXERCISES BELOW.

- Dzień dobry. Co dla pani? (Good morning. What would you like to have, madam?)
- Poproszę kawę z mlekiem i ciasto czekoladowe. (I'll have a coffee with milk and chocolate cake, please.)
- A co dla pana? (And for you, sir?)
- Poproszę sok pomarańczowy i lody. (Some orange juice and ice cream, please.)
- Proszę bardzo. Smacznego! (Here you are. Enjoy your meal!)

Bardzo lubię jeść! Lubię mięso, ser i owoce. Codziennie jem warzywa, na przykład papryki, ogórki i pomidory. Często piję zieloną herbatę i czerwone wino.

(I like eating a lot! I like meat, cheese and fruit. Every day I eat vegetables, for example peppers, cucumbers and tomatoes. I often drink green tea and red wine.)

GRAMMAR IN A NUTSHELL:

jeść – to eat
(ja) jem – I eat
(ty) jesz – you eat
on / ona / ono je – he / she / it eats
pan / pani je – you eat (formal)
(my) jemy – we eat
(wy) jecie – you eat
oni / one jedzą – they eat
państwo jedzą – you eat (formal)

pić – to drink
(ja) piję – I drink
(ty) pijesz – you drink
on / ona / ono pije – he / she / it drinks
pan / pani pije – you drink (formal)
(my) pijemy – we drink
(wy) pijecie – you drink
oni / one piją – they drink
państwo piją – you drink (formal)

The accusative singular

In Polish, when you want to say what you eat and drink, or what you like, you have to change the form of **feminine singular** nouns, adjectives and pronouns ending in -**a**.

singular	Co to jest? (nominative)	Jem / piję / lubię co? (accusative)
on (m)	To jest dobry ser. (This is good cheese.)	Piję czarną herbatę. (I drink black tea. / I'm drinking black tea.)
ona (f)	To jest czarna herbata. (This is black tea.)	Jem dobry ser. (I eat good cheese. / I'm eating good cheese.)
ono (n)	To jest czerwone wino. (This is red wine.)	Lubię czerwone wino. (I like red wine.)

If you use nouns, adjectives and pronouns in the masculine, neuter and in the plural, you do not change their form, i.e.:
To są ziemniaki. (These are potatoes.) / **Bardzo lubię ziemniaki.** (I like potatoes very much.)
There are other verbs which are followed by these forms: **mieć** (to have), **kochać** (to love), **znać** (to know), **czytać** (to read), **pisać** (to write), **robić** (to do).

WORDS AND PHRASES:

Meals and food:
posiłek (m) – a meal
śniadanie (n) – breakfast
obiad (m) – dinner
kolacja (f) – supper
chleb (m) – bread
masło (n) – butter
mleko (n) – milk
jajko (n) / jajka (pl.) – an egg / eggs
dżem (m) – jam
ser (m) – cheese
szynka (f) – ham
makaron (m) – pasta
ryż (m) – rice
mięso (n) – meat
kurczak (m) – a chicken
ryba (f) / ryby (pl.) – a fish / fish
owoce morza (pl.) – seafood
cukier (m) – sugar
sól (f) – salt
pieprz (m) – pepper

Beverages:
woda (f) mineralna – mineral water
woda (f) gazowana – sparkling water
woda (f) niegazowana – still water
wino (n) – wine
kawa (f) – coffee
herbata (a) – tea
kawa z mlekiem / czarna kawa – coffee with milk / black coffee
kawa z cukrem / bez cukru – coffee with sugar / without sugar
sok (m) owocowy – fruit juice

Fruit and vegetables:
owoce (pl.) – fruit
jabłko (n) / jabłka (pl.) – an apple / apples
gruszka (f) / gruszki (pl.) – a pear / pears
cytryna (f) / cytryny (pl.) – a lemon / lemons
pomarańcza (f) / pomarańcze (pl.) – an orange / oranges
winogrono (n) / winogrona (pl.) – a grape / pl.
brzoskwinia (f) / brzoskwinie (pl.) – a peach / pl.
banan (m) / banany (pl.) – a banana / pl.
truskawka (f) / truskawki (pl.) – a strawberry / strawberries
malina (f) / maliny (pl.) – a raspberry / pl.
warzywo (n) / warzywa (pl.) – vegetables (sing.) / (pl.)
pomidor (m) / pomidory (pl.) – a tomato / pl.
marchewka (f) / marchewki (pl.) – a carrot / pl.
cebula (f) / cebule (pl.) – an onion / pl.
czosnek (m) – garlic
ziemniak (m) / ziemniaki (pl.) – a potato / pl.
ogórek (m) / ogórki (pl.) – a cucumber / pl.
sałata (f) / sałaty (pl.) – lettuce (sing.) / (pl.)
papryka (f) / papryki (pl.) – a pepper / pl.

At a café and in a restaurant:
kawiarnia (f) – a café
restauracja (f) – a restaurant
chodzić do kawiarni / restauracji – to go to a café / restaurant
kelner (m) / kelnerka (f) – a waiter / a waitress
stolik (m) – a table
karta (f) – a menu
rachunek (m) – a bill
pierwsze / drugie danie (n) – the first course / the main course
deser (m) – a dessert
Co dla pana / pani? – What would you like to have, sir / madam?
Proszę herbatę z cytryną. – I'll have a tea with lemon, please.
Proszę rachunek. – Bill, please.
Smacznego! – Enjoy your meal!

mini dictionary:
napoje (pl.)
- beverages
artykuły spożywcze
(pl.) - groceries

EXERCISES

7.1
Place the words into the correct category.

wino   pomidor   szynka   woda mineralna   mięso

jabłko   banan   chleb   pomarańcza   sałata   ser

kawa   ogórek   truskawka   herbata   marchewka

owoce	warzywa	napoje	artykuły spożywcze

mini dictionary:
jogurt (m)
– a yoghurt

7.2
Match the words to the pictures.

1. ....   2. ....   3. ....

4. ....   5. ....   6. ....

a) jajko, ser, jogurt, kurczak
b) cebula
c) jabłko, gruszka, banan, winogrona
d) sałata
e) winogrona
f) marchewka, papryka, sałata, pomidor

68

7.3
Complete the sentences using the correct form of the verbs *pić* and *jeść*.

Example: > Codziennie **piję** kawę. (pić)

1. Co (ty) .... na śniadanie? (jeść)
2. Oni .... chleb i szynkę. (jeść)
3. Czy (wy) .... wino? (pić)
4. Na obiad (ja) .... zupę pomidorową. (jeść)
5. (ty) .... kawę z cukrem? (pić)
6. Na kolację (my) .... sałatkę warzywną. (jeść)
7. Ona codziennie .... zieloną herbatę. (pić)
8. One .... tylko wodę mineralną. (pić)
9. Na obiad (my) .... zwykle ziemniaki. (jeść)
10. Co pani .... ? (pić)

mini dictionary:
czerwony (-a, -e)
– red
na kolację
– for supper
na obiad
– for dinner
na śniadanie
– for breakfast
pomidorowy (-a, -e)
– made of tomatoes
(adjective)
sałatka (f) – a salad
tylko – only
warzywny (-a, -e)
– made of vegetables
(adjective)
zielony (-a, -e)
– green
zupa (f) – a soup

7.4
Match the sentences to the pictures.

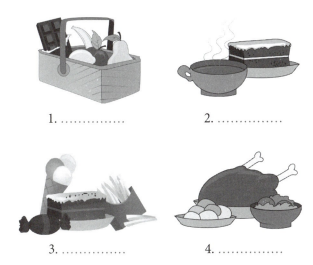

1. .... 2. ....

3. .... 4. ....

a) Codziennie jem lody, słodycze i frytki.
b) Poproszę kurczaka, ziemniaki i sałatkę.
c) Często piję kawę z mlekiem i jem ciasto.
d) Lubię owoce i czekoladę.

mini dictionary:
czekolada (f)
– chocolate
słodycze (pl.)
– sweets
frytki (pl.) – chips

mini dictionary:
bigos (m)
– a traditional Polish dish (read more on page 60)
Japonia (f)
– Japan
japoński (-a, -e)
– Japanese
kuchnia (f)
– cuisine
sake (n) – sake
szczególnie
– especially, particularly
z sosem
– with a sauce, with a dressing
makaron (m)
– pasta
ciasto (n) – a cake

7.5
Which restaurants do these people usually go to? Study the menus and match them with the descriptions.

a) RESTAURACJA „JAPONIA"
RYBY
WARZYWA
SAKE

b) **Restauracja „Roma"**
makaron z sosem pomidorowym
pizza
lody

c) Restauracja „Polka"
zupa pomidorowa
bigos
ciasto

d) **„Restauracja Francuska"**
sałata
owoce morza
czerwone wino

1. Adam bardzo lubi kuchnię włoską, szczególnie lubi makaron.
2. Marek lubi owoce morza.
3. Dominika codziennie je zupę.
4. Monika lubi kuchnię japońską.

1. ….. 2. ….. 3. ….. 4. …..

7.6
Read the note below and complete the sentences using the correct forms for the given nouns.

Remember:
Poproszę kawę z mlekiem.
(A coffee with milk, please.)

Note:
When we order something at a restaurant or café, we use the word **proszę** or **poproszę** (I'll have… , please.), followed by the accusative form of nouns, adjectives and pronouns that you have studied in this lesson.

Example: > Proszę / Poproszę **sałatkę owocową**. (sałatka owocowa)

mini dictionary:
biały (-a, -e)
– white
czekoladowy (-a, -e) – made of chocolate (adjective)
stek (m) – steak

1. Poproszę ………………………… . (karta)
2. Poproszę ………………………… . (rachunek)
3. Poproszę ………………………… . (zielona herbata)
4. Poproszę ………… i …………… . (stek, warzywa – pl.)
5. Poproszę ………………………… . (ciasto czekoladowe)
6. Poproszę ………………………… . (woda mineralna)
7. Poproszę ………………………… . (białe wino)
8. Poproszę ………………………… . (owoce morza – pl.)

7.7
Swap the sentences in the dialogue so they appear in the correct order.

a) - Poproszę stek, frytki i czerwone wino.
b) - A na deser?
c) - Dzień dobry. Co dla pana?
d) - Poproszę lody i kawę z mlekiem.
e) - Proszę bardzo. Smacznego!

1. ….. 2. ….. 3. ….. 4. ….. 5. …..

7.8
Study the information about Anna's and Karol's guests and complete the dinner menu.

1. **Robert**: Często je mięso, ryby, zupy i owoce. Lubi pić czerwone wino, wodę mineralną i kawę.
2. **Ola**: Lubi owoce, warzywa, mięso i wino. Często je zupę pomidorową. Codziennie pije wodę mineralną i kawę.
3. **Agata**: Lubi kurczaka, frytki, ryby i zupę pomidorową. Często je warzywa, pije kawę, wino i wodę mineralną.
4. **Michał**: Pije wodę mineralną, kawę i wino. Lubi mięso, zupy, owoce i warzywa.

mini dictionary:
rosół (m) – chicken soup, broth
zupa (f) ogórkowa – cucumber soup
sałatka (f) owocowa – fruit salad
napój (m) – beverage

zupa pomidorowa   kurczak i frytki   zupa ogórkowa
ryba i warzywa   sałatka owocowa
        rosół   kawa   kurczak i warzywa
ciasto   woda mineralna
        czerwone wino   lody

Menu
1. pierwsze danie i napój:
   ………………………………………………
2. drugie danie i napój:
   ………………………………………………
3. deser i napój:
   ………………………………………………

7.9
GRAMMAR: the accusative singular – continuation

Study the table and complete the exercise below.

The rule concerning feminine nouns and adjectives is also applied when we use nouns meaning a person or an animal **in the masculine**. In the accusative we need to change their form.

To sum up: we change the form of the nouns in the accusative whenever:

- feminine nouns refer to things
- feminine and masculine nouns refer to people and animals

We don't change the form of masculine nouns that refer to things.

singular	Kto to jest? Co to jest? (nominative)	mam (kogo? co?) (accusative)
ona **(f)**	To jest sympatyczna siostra. (This is a nice sister.)	Mam sympatyczną siostrę. (I have a nice sister.)
on **(m)**	To jest sympatyczny brat. (This is a nice brother.) To jest wysoki mężczyzna. (This is a tall man.) To jest czarny kot. (This is a black cat.)	Masz sympatycznego brata. (You have a nice brother.) Znam wysokiego mężczyznę. (I know a tall man.) Mam czarnego kota. (I have a black cat.)
ono **(n)**	To jest wesołe dziecko. (This is a cheerful child.)	Macie wesołe dziecko. (You have a cheerful child.)

Note:
The ending **-iego** in the accusative is used when the ending is preceded by the consonant **-k** or **-g**.

Note:
Some irregulars forms include:
ojciec – ojca,
wujek – wujka,
dziadek – dziadka
pani – panią

Complete the sentences using the correct form for the given words.

Example: > Mam **małą rodzinę**. (mała rodzina)

1. Mamy ………………………………………………… . (mały kot)
2. Państwo mają ……………………………………. (ładne dziecko)
3. Czy macie ………………………………………… ? (dobry lekarz)
4. Oni mają ………………………………………….. (sympatyczny ojciec)
5. On ma ……………………………………………… . (ładna siostra)
6. Mam ………………………………………………… (wesoły kolega)
7. Macie ………………………………………………. (dobra nauczycielka)
8. Ona ma ……………………………………………. (wysoki chłopak)

7.10
Complete the sentences.

Example: > Lubię **literaturę polską**. (polska literatura)

1. Lubimy .... (sport)
2. Na śniadanie on pije .... (sok owocowy)
3. Pijemy .... (woda mineralna)
4. Oni jedzą .... (chleb i ser)
5. Oni lubią .... (winogrona i banany)
6. Lubię .... (język polski)
7. Ona lubi .... (sałatka owocowa)
8. Lubisz .... ? (niemieckie kino)

mini dictionary:
język (m) polski
– the Polish language

7.11
Complete the gaps using words from this lesson.

Moja ulubiona kawiarnia

Mam ulubioną .... (1) w Warszawie. Nazywa się „Flora". Lubię tam chodzić z przyjaciółmi. Często piję tam .... z mlekiem (2) i .... (3) pomarańczowy. Jem lody i smaczne ciasto .... (4). Piję też francuskie czerwone .... (5).

mini dictionary:
tam – there
ulubiony (-a, -e) – favourite
pomarańczowy (-a, -e) – made of oranges (adjective)
smaczny (-a, -e) – delicious

7.12
Find five nouns related to food and beverages.

UMBCHLEBWSYSZYNKABRJJAJKOYNUHMASŁOIRYMAKARONIAWEM

1. ....   4. ....
2. ....   5. ....
3. ....

TEST YOURSELF!

7.13
Choose the correct answer: a, b or c.

Example: > Lubię **literaturę**.
      a) literaturę   b) literatura   c) literaturą

1. Poproszę ....
   a) karta   b) kartą   c) kartę
2. Oni .... obiad.
   a) jemy   b) jedzą   c) je
3. Ja .... sok.
   a) piję   b) piją   c) pijecie
4. marchewka, ogórek, cebula – ....
   a) owoce   b) warzywa   c) napoje
5. Mam ....
   a) wesołego syna   b) wesołym synem   c) wesoły syn
6. Lubię ....
   a) zieloną herbatą   b) zielona herbata   c) zieloną herbatę
7. Jem ....
   a) kurczak   b) kurczaka   c) kurczakiem
8. banan, pomarańcza, winogrona – ....
   a) owoce   b) warzywa   c) napoje
9. Codziennie jem ....
   a) pomidory   b) wino   c) wodę

7.14
Answer the questions below.

Example: > Co lubisz jeść?
      Lubię jeść mięso i warzywa.

1. Co jesz na śniadanie?
   Na śniadanie jem ....
2. Co pijesz na śniadanie?
   Na śniadanie piję ....
3. Co jesz na obiad?
   Na obiad jem ....
4. Co jesz na kolację?
   Na kolację jem ....

Did you know?

Four Poles have been awarded the Nobel Prize for Literature: Henryk Sienkiewicz (1905), Władysław Reymont (1924), Czesław Miłosz (1980) and Wisława Szymborska (1996). In 1983 Lech Wałęsa was awarded the Nobel Peace Prize.

8 | THE HOME AND EVERYDAY ACTIVITIES

Lubię mieć wszystko pod ręką!

I like to have everything within reach!

In this lesson:

vocabulary: the home: rooms, furniture, domestic appliances; everyday activities
grammar: the verbs: **mieszkać** (to live), **ubierać się** (to get dressed), **robić** (to do / to make), **gotować** (to cook); construction: **jest** / **są** (there is / there are), verbs endings: **-ę**, **-esz**

STUDY THE NEW MATERIAL AND THEN COMPLETE THE EXERCISES BELOW.

Mój dom
Mieszkam na wsi. Mam dom i ogród. W domu mam dużą sypialnię, duży salon i piękną łazienkę. Często pracuję w domu. Jestem szczęśliwa!

My house
I live in the countryside. I have a house and a garden. In the house there is a big bedroom, a big living room, and a beautiful bathroom. I often work at home. I am happy!

Mój dzień
Codziennie wstaję bardzo wcześnie. Biorę prysznic i ubieram się. Jem śniadanie i idę do pracy. Po południu robię zakupy i gotuję. Wieczorem jem kolację i idę spać.

My day
I get up very early every day. I take a shower and get dressed. I have breakfast and I go to work. I do the shopping and I cook in the afternoon. In the evening I have supper and I go to sleep.

GRAMMAR IN A NUTSHELL:
Verbs

mieszkać – to live

(ja) mieszkam – I live
(ty) mieszkasz – you live
on / ona / ono mieszka – he / she / it lives
pan / pani mieszka – you live (formal)

(my) mieszkamy – we live
(wy) mieszkacie – you live
oni / one mieszkają – they live
państwo mieszkają – you live (formal)

ubierać się – to get dressed

The verb **ubierać się** conjugates in the same way as the verb **nazywać się** (to be called):
(ja) ubieram się, (ty) ubierasz się, on / ona/ ono ubiera się, pan / pani ubiera się (my) ubieramy się, (wy) ubieracie się, oni / one ubierają się, państwo ubierają się.

robić – to do, to make

The verb **robić** conjugates in the same way as the verb **mówić** (to speak):
(ja) robię, (ty) robisz, etc.

gotować – to cook

The verb **gotować** conjugates in the same way as the verb **pracować** (to work):
(ja) gotuję, (ty) gotujesz, etc.

WORDS AND PHRASES:

House:
dom (m) – a house / home
mieszkanie (n) – a flat
Gdzie mieszkasz? Gdzie pan / pani mieszka? – Where do you live? Where do you live (sir / madam)?
w domu / w mieszkaniu – in a house / in a flat
kuchnia (f) – a kitchen
łazienka (f) – a bathroom
pokój (m) – a room
sypialnia (f) – a bedroom
jadalnia (f) – a dining room
salon (m) – a living room
schody (pl.) – stairs
w kuchni / w łazience / w pokoju / w sypialni / w jadalni / w salonie – in the kitchen / in the bathroom / in the room / in the bedroom / in the dining room / in the living room

Furniture and domestic appliances:
meble (pl.) – furniture
regał (m) / regały (pl.) – bookshelf / bookshelves
łóżko (n) / łóżka (pl.) – a bed / beds
lampa (f) / lampy (pl.) – a lamp / lamps
szafa (f) / szafy (pl.) – a wardrobe / wardrobes
krzesło (n) / krzesła (pl.) – a chair / chairs
półka (f) / półki (pl.) – a shelf / shelves
biurko (n) / biurka (pl.) – a desk / desks
stół (m) / stoły (pl.) – a table / tables
fotel (m) / fotele (pl.) – an armchair / armchairs
kanapa (f) / kanapy (pl.) – a couch / couches

prysznic (m) – a shower
wanna (f) – a bath
lodówka (f) – a fridge
żelazko (n) – an iron
pralka (f) – a washing machine

Everyday activities:
wstawać – to get up
wcześnie / późno – early / late
myć się – to wash oneself
myć zęby – to brush one's teeth
brać prysznic – to take a shower
ubierać się – to get dressed
iść do pracy – to go to work
iść spać – to go to sleep
gotować – to cook
robić – to do, to make
robić zakupy – to do the shopping
robić śniadanie / kolację – to prepare breakfast / supper
gotować obiad – to cook dinner
jeść – to eat
jeść śniadanie – to have breakfast
jeść obiad – to have dinner
jeść kolację – to have supper
rano – in the morning
po południu – in the afternoon
wieczorem – in the evening
w nocy – at night
Co robisz rano? – What do you do in the morning?
Co pan / pani robi rano? – What do you do in the morning (sir / madam)?
Rano biorę prysznic i jem śniadanie. – In the morning I take a shower and have breakfast.

EXERCISES

8.1
Match the words to make the correct expressions.

Example: > jeść + śniadanie

1. wstawać	a) i krzesło	1. ....
2. gotować	b) wcześnie	2. ....
3. brać	c) prysznic	3. ....
4. myć	d) w domu	4. ....
5. mieszkać	e) obiad	5. ....
6. iść	f) spać	6. ....
7. kuchnia, salon	g) zęby	7. ....
8. stół, kanapa	h) i jadalnia	8. ....
9. robić	i) południu	9. ....
10. po	j) zakupy	10. ....

Note: Look at the table on page 31 and revise Polish nouns in the singular.

8.2
Name the things in the pictures and then complete the table.

1. .... 2. .... 3. .... 4. ....

5. .... 6. .... 7. ....

Example: > ta – pralka

ten	ta	to

8.3
Match the words with the rooms shown in the picture.

mini dictionary:
In the picture you can also see:
okno (n) – a window
balkon (m) – a balcony
drzwi (pl.) – a door
lustro (n) – a mirror
kuchenka (f) – a cooker
komin (m) – a chimney

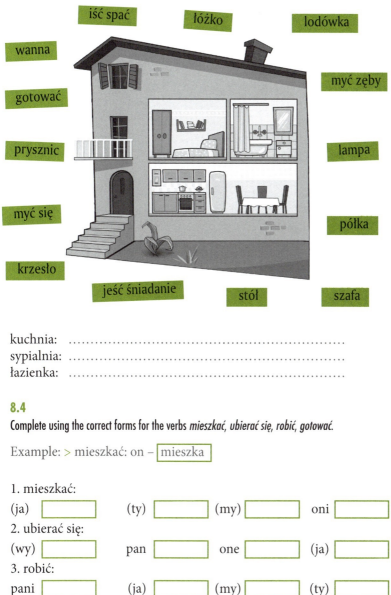

iść spać, łóżko, lodówka, wanna, myć zęby, gotować, prysznic, lampa, myć się, półka, krzesło, jeść śniadanie, stół, szafa

kuchnia: ....
sypialnia: ....
łazienka: ....

8.4
Complete using the correct forms for the verbs *mieszkać, ubierać się, robić, gotować*.

Example: > mieszkać: on – [mieszka]

1. mieszkać:
(ja) [   ]   (ty) [   ]   (my) [   ]   oni [   ]
2. ubierać się:
(wy) [   ]   pan [   ]   one [   ]   (ja) [   ]
3. robić:
pani [   ]   (ja) [   ]   (my) [   ]   (ty) [   ]
4. gotować:
(ja) [   ]   państwo [   ]   (my) [   ]   (wy) [   ]

8.5
Study the verb conjugation pattern and complete the exercise.

wstawać – to get up
(ja) wstaję – I get up
(ty) wstajesz – you get up
on / ona / ono wstaje – he / she / it gets up
pan / pani wstaje – you get up (formal)
(my) wstajemy – we get up
(wy) wstajecie – you get up
oni / one wstają – they get up
państwo wstają – you get up (formal)

brać (prysznic) **– to take** (a shower)
biorę – I take
bierzesz – you take
bierze – he / she / it takes
bierze – you take (formal)
bierzemy – we take
bierzecie – you take
biorą – they take
biorą – you take (formal)

Note:
myć się (to wash oneself) **myć** + a noun in the accusative (to wash something)

iść (spać) **– to go** (to sleep)
(ja) idę – I go
(ty) idziesz – you go
on / ona / ono idzie – he / she / it goes
pan / pani idzie – you go (formal)
(my) idziemy – we go
(wy) idziecie – you go
oni / one idą – they go
państwo idą – you go (formal)

myć się – to wash oneself
myję się – I wash myself
myjesz się – you wash yourself
myje się – he / she / it wash himself / herself / itself
myje się – you wash yourself (formal)
myjemy się – we wash ourselves
myjecie się – you wash yourselves
myją się – they wash themselves
myją się – they wash yourself (formal)

mini dictionary:
szybko – quickly
zawsze – always
ubiera się – he / she / it gets dressed
przed obiadem – before dinner

Myć się or *myć*? Complete the sentences.

Example: > (ja) Najpierw **myję się**, a potem robię śniadanie.

1. Wieczorem oni .... i idą spać.
2. On najpierw ...., a potem je śniadanie.
3. Magda zawsze .... zęby rano i wieczorem.
4. (ty) .... włosy czy bierzesz prysznic?
5. (my) Najpierw .... ręce, a potem jemy obiad.
6. (ja) Rano .... bardzo szybko.
7. Ona najpierw ...., a potem ubiera się.
8. Dzieci zawsze .... ręce przed obiadem.
9. (ja) .... teraz zęby.
10. Marek .... samochód.

8.6
Complete the sentences using the correct form for the given verbs.

Example: > O której godzinie (ty) **idziesz** do pracy? (iść)

1. Ona najpierw .... prysznic, a potem je śniadanie. (brać)
2. (my) Codziennie .... o ósmej. (wstawać)
3. (ja) Rano .... prysznic i idę do pracy. (brać)
4. (ty) .... wcześnie czy późno? (wstawać)
5. O której godzinie (wy) .... prysznic? (brać)
6. Oni .... o dziewiątej. (wstawać)
7. (my) .... do pracy o dziesiątej. (iść)
8. Wieczorem (ja) .... do kina. (iść)
9. Ania i Kasia .... dziś do teatru. (iść)
10. Paweł .... wodę mineralną. (brać)
11. Co (ty) .... ? (brać)
12. O której godzinie (ty) .... (iść) spać?

mini dictionary:
a potem – and then
czy – or
najpierw – first

Note:
The verb **brać** in colloquial language also means „to order" (in a restaurant, in a café)

8.7
Match the words to make the correct expressions.

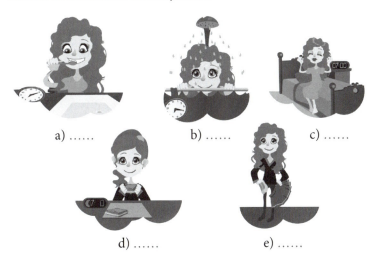

a) ......   b) ......   c) ......

d) ......   e) ......

mini dictionary:
kanapka (f) – a sandwich
zwykle – usually, habitually

1. Codziennie wstaję o siódmej.
2. Ubieram się i idę do pracy.
3. Na śniadanie zwykle jem kanapkę i piję kawę.
4. Myję zęby rano i wieczorem.
5. Biorę prysznic o siódmej dwadzieścia.

Note:
jest + a noun
in the singular
są + a noun
in the plural

8.8

What can you find in these rooms? Study the sentences and then complete the exercise.

W sypialni jest piękny obraz. (There is a beautiful painting in the bedroom.)
W sypialni jest łóżko i szafa. (There is a bed and a wardrobe in the bedroom.)
W salonie są kanapy. (There are some couches in the living room.)

Complete the sentences using the correct form: *jest* or *są*.

Example: > W pokoju **jest** regał.

1. W sypialni .... lampa.
2. W pokoju .... biurko i krzesło.
3. W sypialni .... łóżka.
4. W salonie .... kanapa i fotel.
5. W łazience .... wanna.
6. W jadalni .... krzesła.
7. W salonie .... fotele.
8. W jadalni .... stół.

8.9

mini dictionary:
nasz (-a, -e) – our
obrazy (pl.)
– paintings
obraz (m)
– a painting
zdjęcia (pl.)
– photos
zdjęcie (n)
– a photo
wygodny (-a ,-e)
– comfortable

Where do these people live? Match the pictures to the statements.

1. Marcin   2. Maria   3. Tomek, Aneta, Ola

a) Mój dom jest stary. W domu mam obrazy i zdjęcia.

1. ......
2. ......
3. ......

b) Mam dużą kuchnię. Bardzo lubię gotować!

c) Nasze mieszkanie jest piękne i wygodne.

8.10
Complete the sentences using the given words.

Example: > W pokoju Robert ma **regały**. (regały)

1. (ja) Mam .... w Warszawie. (małe mieszkanie)
2. Oni mają .... (duży dom)
3. (my) Mamy .... w sypialni. (duże łóżko)
4. Agata ma .... (nowa pralka)
5. W salonie (ja) mam .... (książki i obrazy)
6. (wy) Macie .... w łazience? (wanna i prysznic)
7. W pokoju (ja) mam .... (biurko i krzesło)
8. Oni mają .... w jadalni. (stół i krzesła)

Note:
Remember that after the verb **mieć** (to have) we use a noun and an adjective in the accusative.

mini dictionary:
nowy (-a, -e) – new

8.11
Complete the sentences.

Marcin .... (1) w Warszawie. Pracuje w firmie międzynarodowej. Codziennie .... (2) bardzo wcześnie. Najpierw bierze .... (3), a potem ubiera się. Szybko robi .... (4) O ósmej trzydzieści .... (5) do pracy. Po południu .... (6) zakupy. Wieczorem idzie do kina, a potem je kolację.

8.12
Make the correct sentences.

Magda myje	Marek wstaje	wcześnie.	włosy.	na wsi.
Wieczorem	Anna robi	Rano	idę spać.	jem śniadanie.
Masz	Mieszkam	W pokoju	jest szafa.	piękny dom.
			zakupy w supermarkecie.	

mini dictionary:
w supermarkecie – in a supermarket
na wsi – in the countryside

1. ....
2. ....
3. ....
4. ....
5. ....
6. ....
7. ....
8. ....

TEST YOURSELF!

8.13
Choose the correct answer: a, b or c.

Example: > On **wstaje** bardzo późno.
          a) wstaję   **b)** wstaje   c) wstają

1. łóżko, lampa – ....
   a) kuchnia   b) jadalnia   c) sypialnia
2. Biorę prysznic ....
   a) w łazience   b) w salonie   c) w jadalni
3. .... zęby.
   a) Myję   b) Myję się   c) Jest
4. Wieczorem jem ....
   a) kolację   b) obiad   c) śniadanie
5. Mam ....
   a) duża jadalnia   b) dużą jadalnię   c) dużą jadalnią
6. Gotuję ....
   a) śniadanie   b) kolację   c) obiad
7. Oni .... do pracy.
   a) idziemy   b) idą   c) idę
8. W jadalni .... stół i krzesła.
   a) jest   b) są   c) jesteś

8.14
Answer the questions below.

Example: > Co robisz wieczorem?
             Wieczorem jem kolację.

1. Gdzie mieszkasz?
....
2. O której godzinie wstajesz?
....
3. Co robisz rano?
....
4. Co masz w domu? / w mieszkaniu?
....
5. Jak często myjesz włosy?
....

Did you know?

Mazury is a region in the North East of Poland. It is famous for its lakes (over 2000) and virgin forests. The area is a paradise for water sports enthusiasts.

mini dictionary:
jak często – how often

9 SHOPPING

Mamo, mamo, chcę to zwierzątko!

Mum, mum, I want this pet!

In this lesson:

vocabulary: shops and shopping, clothes, shoes, accessories, colours
grammar: construction **jest / są – nie ma** (there is / there are – there isn't / there aren't), nouns and adjectives in the genitive singular

STUDY THE NEW MATERIAL AND THEN COMPLETE THE EXERCISES BELOW.

- Dzień dobry! Słucham panią. (Good morning. How can I help you?)
- Dzień dobry! Chciałabym kupić białą koszulę. (Good morning. I'd like to buy a white blouse, please.)
- Jaki rozmiar? (What size are you?)
- 38. (Size 38.)
- Proszę bardzo. (Here you are.)
- Czy mogę przymierzyć? (May I try it on?)
- Oczywiście, przymierzalnia jest po prawej stronie. (Yes, of course, the changing room is on the right.)

Alicja i Marek lubią chodzić na zakupy. Marek lubi kupować ubrania. Alicja często kupuje buty i dodatki. Marek lubi kolor szary, a Alicja kupuje rzeczy brązowe lub czarne.

Alicja and Marek like going shopping. Marek likes buying clothes. Alicja often buys shoes and accessories. Marek's favourite colour is grey, and Alicja buys brown or black clothes.

GRAMMAR IN A NUTSHELL:

Construction jest / są - nie ma

When we say that a person or an object is or is **not** in a place (e.g. in a shop), we use the following construction:

- **Czy jest (chleb)?** Is there (any bread)?
- **Tak, jest.** (Yes, there is.)
- **Nie, nie ma.** (No, there isn't.)

- **Czy są (świeże pomidory?)** Are there (any fresh tomatoes)?)
- **Tak, są.** (Yes, there are.)
- **Nie, nie ma.** (No, there aren't.)

Attention! Do not confuse these forms with the forms you have studied in Lesson 3:
- Czy <u>to</u> jest książka? (Is <u>this</u> a book?)
- Tak, <u>to</u> jest książka. (Yes, <u>this</u> is a book.)
- Nie, <u>to</u> nie jest książka. To jest gazeta. (No, <u>this</u> isn't a book. <u>This</u> is a newspaper.)

The verb kupować

The verb **kupować** (to buy) conjugates in the same way as the verb **pracować** (to work). It is followed by the accusative form of the noun and adjective.

WORDS AND PHRASES:

Shops:
sklep (m) – a shop
sklep spożywczy – a grocery
supermarket (m) – a supermarket
warzywniak (m) – the greengrocer's (shop)
księgarnia (f) – a library
kwiaciarnia (f) – a flower shop
sklep mięsny – the butcher's (shop)
sklep obuwniczy – a shoe shop
sklep odzieżowy – a clothes shop

Clothes and accessories:
ubranie (n) / ubrania (pl.) – a piece of clothing / clothes
koszula (f) – a shirt
podkoszulek (T-shirt) (m) – a T-shirt
bluzka (f) – a blouse
sweter (m) – a sweater
spodnie (pl.) – trousers
spódnica (f) – a skirt
sukienka (f) – a dress
kurtka (f) – a jacket
płaszcz (m) – a coat
garnitur (m) – a suit
szalik (m) – a scarf
czapka (f) – a cap
rękawiczki (pl.) – gloves
krawat (m) – a tie
torebka (f) – a handbag
buty (pl.) – shoes
sandały (pl.) – sandals
kalosze (pl.) – wellingtons
mieć + na sobie + accusative form of a noun – to wear something
Mam na sobie elegancki garnitur.
– I'm wearing an elegant suit.

Colours:
biały (-a, -e) – white
czarny (-a, -e) – black
czerwony (-a, -e) – red
zielony (-a, -e) – green
żółty (-a, -e) – yellow
niebieski (-a, -ie) – blue
fioletowy (-a, -e) – violet
pomarańczowy (-a, -e) – orange
różowy (-a, -e) – pink
brązowy (-a, -e) – brown
szary (-a, -e) – grey

Shopping:
chodzić na zakupy – to go shopping
przymierzalnia – a changing room
Gdzie jest przymierzalnia? – Where is the changing room?
klient (m) / klientka (f) – a customer (he / she)
rozmiar (m) – size
numer (m) buta – a shoe size
cena (f) – a price
tani (-a, -ie) – cheap
drogi (-a, -ie) – expensive
otwarty (-a, -e) – open
zamknięty (-a, -e) – closed
przymierzyć (+ accusative) – to try something on
Czy mogę (+ infinitive) – May / Could I...
Czy mogę przymierzyć ten sweter?
– May I try this jumper on?
Chciałbym (male) / Chciałabym (female) (+ infinitive) – I'd like ...
Chciałbym / Chciałabym kupić buty.
– I'd like to buy shoes.
zapłacić kartą kredytową / gotówką
– to pay by credit card / in cash
Ile płacę? – How much should I pay?
Ile to kosztuje? – How much does it cost?

Note:
The plural adjectives have the **-e** ending (e.g. **nowe sandały** – new sandals).

EXERCISES

9.1
Match the word to the pictures. In the following sentences underline the words that show the things you can see in the pictures and then translate the sentences into English.

a) ...... b) ...... c) ...... d) ...... e) ......

1. Moja sukienka jest fioletowa.
....

2. Ola kupuje spódnicę.
....

3. Dominika kupuje buty.
....

4. Mam nowe sandały.
....

5. Anna kupuje niebieską koszulę.
....

Note:
The demonstrative pronoun in the accusative:
(kupować)
ten sweter (this sweater),
tę sukienkę (this dress),
to mleko (this milk),
te buty (these shoes)

9.2
Form the correct sentences.

1. płacę / ile
.... ?

2. lubi / chodzić na zakupy / Ewa
....

3. to / kosztuje / ile
.... ?

4. kartą / mogę / zapłacić / czy
.... ?

5. przymierzyć / chciałabym / sukienkę / tę
....

6. przymierzalnia / po / stronie / jest / prawej
....

9.3
Match each picture to two sentences.

a) Marta ......   b) Kasia ......   c) Magda ......

1. Czy mogę przymierzyć ten sweter?
2. Ile płacę?
3. Zobacz jaki ładny kolor!

4. Tak, ten różowy sweter jest piękny!
5. Czy mogę zapłacić kartą?
6. Przymierzalnia jest po lewej stronie.

mini dictionary:
po lewej stronie – on the left
zobacz, jaki (...) – look what a (...)
kolor (m) – a colour

9.4
Match the objects to the shops in which you can buy them.

kalosze   garnitur   masło   jabłko

chleb   pomidor   szynka   sandały

buty   spódnica   spodnie   marchewka

1. sklep spożywczy: ....
....
2. warzywniak: ....
....
3. sklep obuwniczy: ....
....
4. sklep odzieżowy: ....
....

9.5
Make the correct expressions.

1. Czy mogę przymierzyć
2. Lubię
3. Ania zawsze kupuje
4. Chciałbym

a) te spodnie?
b) kupić sweter.
c) czarne buty.
d) chodzić na zakupy.

mini dictionary:
bo – because
dzisiaj – today
po plaży – along the beach
rzadko – rarely
płaszcz przeciwdeszczowy – a raincoat
więc – so
zimno – cold (adverb)

9.6
Complete the descriptions of the people shown in the pictures using the correct form for the given words.

I
Michał .... (1) (pracować) w biurze. Zawsze jest bardzo elegancki. Dziś ma na sobie .... (2) (biała koszula) i .... (3) (czarny krawat). Ma też bardzo eleganckie spodnie. Michał rzadko .... (4) (kupować) nowe ubrania, bo nie lubi chodzić na zakupy.

II
Kamila lubi spacerować po plaży. Dzisiaj jest zimno, więc .... (5) (mieć na sobie) płaszcz przeciwdeszczowy, kalosze i .... (6) (czapka).

mini dictionary:
skórzany (-a, -e) – made of leather (adjective)

9.7
Complete the sentences.

Example: > Czy **to** jest polski chleb?
Nie, **to nie jest polski chleb**.
Czy jest polski chleb?
Nie, **nie ma**.

1. Czy to jest francuski ser?
Nie, ...
2. Czy jest włoskie wino?
Nie, ...
3. Czy jest rozmiar 36?
Nie, ...
4. Czy są czarne sandały?
Nie, ...
5. Czy to są skórzane rękawiczki?
Nie, ...
6. Czy są sandały?
Nie, ...

9.8
GRAMMAR: genitive singular

Study the table and complete the exercise below.

When we talk about a quantity of something (e.g. a kilogram, a bottle of something), we use nouns in the genitive form, i.e.:
butelka wody (a bottle of water), **pudełko makaronu** (a box of pasta)

The genitive also follows the construction **nie ma**:
nie ma chleba / wody (there isn't any bread / water)

mini dictionary:

quantities:
kilogram
– a kilogram
litr – a litre
puszka – a can /
a tin
butelka – a bottle
pudełko – a box
pół – half

singular	Kto / Co to jest? (nominative)	Kogo / Czego nie ma? (accusative)
on (m) Co?	świeży chleb włoski makaron	świe**ego** chleb**a** włosk**iego** makaron**u**
on (m) Kto?	chłopak	chłopak**a** = accusative
ona (f)	dobra kawa japońska restauracja	dobr**ej** kaw**y** japońsk**iej** restauracj**i**
ono (n)	czerwone wino polskie kino	czerwon**ego** win**a** polsk**iego** kin**a**

Note:
In the genitive some nouns end in -**u**: garnituru, krawatu, cukru, dżemu, pieprzu, ryżu, makaronu; others in -**a**: swetra, płaszcza, szalika, krawata chleba, sera, banana, pomidora.

Singular inanimate masculine nouns in the genitive end in -**a** or -**u**, while animate masculine nouns end in -**a** (= the accusative). Feminine nouns end in -**y** or -**i** (after -**k**, -**g**, -**j** and soft consonants). Neuter nouns end with -**a**.

Masculine and neuter adjectives end in - **ego** (or –**iego** after -**k** or -**g**), while feminine adjectives end in -**ej** (or -**iej** after -**k**, -**g**).

Remember:
GENITIVE:
mężczyzny,
kolegi

Complete the expressions using the genitive form of the nouns given.

ryżu / chleba / jabłka / soku / wody / herbaty / sera / bananów / piwa

Remember:
bananów,
pomidorów
– the genitive
plural

Example: > butelka **mleka**

1. kilogram .... , ...
2. pół .... , ...
3. butelka / litr .... , ...
4. puszka ....
5. pudełko .... , ...

9.9
Complete the crossword.

W tym sklepie nie ma... (You can't buy that in this shop...):
Example: > W tym sklepie nie ma **kawy**. (kawa)

1. masło – ....
2. makaron – ....
3. chleb – ....
4. mleko – ....
5. pieprz – ....

Rozwiązanie: ....

mini dictionary:
nigdy – never
ciepły (-a, -e) – warm
na zimę – for winter

Remember:
constructions should be formed as such: a verb + a noun in the accusative, in negative sentences the noun changes its form from accusative to genitive. Compare:

Kupuję sukienkę. (I buy / I'm buying a dress.)
Nie kupuję sukienki. (I don't buy / I'm not buying a dress.)

9.10
Complete the sentences using the correct form for the given words.

Example: > Nie lubię **czekolady**. (czekolada)

1. Nie lubię .... (czarna kawa)
2. Nigdy nie jem .... (żółty ser)
3. Robert nie ma .... (nowy garnitur)
4. Nie pijemy .... (francuskie wino)
5. Joanna nie kupuje .... (czerwona spódnica)
6. Nie lubię .... (sok pomidorowy)
7. Oni nie mają .... (duże mieszkanie)
8. Ewa nie ma .... (biały płaszcz)
9. Nie mam .... na zimę. (ciepła kurtka)
10. Nie mamy w domu .... (włoski makaron)

9.11
Form two dialogues of the given sentences.

- 39.
- Coś jeszcze?
- Proszę bardzo.
- Dzień dobry! Poproszę chleb i kilogram cukru.
- 8 zł.
- Jaki numer?
- Chciałabym przymierzyć te czarne sandały.
- Tak, poproszę butelkę wody. Ile płacę?

mini dictionary:
Coś jeszcze?
– Anything else?

At the grocer's:	At the shoe shop:
–	– ....
....	....
–	– ....
....	....
–	– ....
....	....
–	– ....
....	....

9.12
Complete the sentences using the correct form for the words given.

mini dictionary:
surowy (-a, -e)
– severe

Example: > Nie mam **syna**. (syn)

1. Anna nie ma .... (brat)
2. (ja) Nie mam .... (siostra)
3. Kamil nie lubi .... (dyrektor)
4. Marta nie ma surowego .... (nauczyciel)
5. On nie ma .... (ojciec)
6. Oni nie mają .... (matka)
7. (my) Nie lubimy .... (sąsiad)
8. Robert nie ma ładnej .... (koleżanka)

Did you know?

In Poland **Christmas Eve** (24 December) is celebrated in a special way. For supper the Poles prepare 12 special dishes, usually without meat. According to the tradition, one free place should be left at the table for an unexpected guest. After the meal Poles unwrap their presents.

TEST YOURSELF!

9.13

Choose the correct answer: a, b or c.

Example: > Ona **kupuje** buty.
        a) kupuje   b) kupują   c) kupujesz

1. Mam na sobie ....
   a) koszula   b) koszulę   c) koszulą
2. Piotr: .... przymierzyć ten garnitur.
   a) Chciałbym   b) Chciałabym   c) Chcieć
3. Ile .... ?
   a) rozmiar   b) zapłacić   c) płacę
4. szalik, spodnie, czapka – sklep ....
   a) mięsny   b) odzieżowy   c) obuwniczy
5. litr ....
   a) makaronu   b) masła   c) soku
6. Nie jem ....
   a) kolacji   b) kolację   c) kolacja
7. W sklepie .... mięso.
   a) nie ma   b) nie jest   c) jest
8. Banan jest ....
   a) czerwony   b) żółty   c) niebieski

9.14

Answer the questions below.

Example: > Co często kupujesz?
        Często kupuję spodnie.

1. Co masz na sobie?
   Mam na sobie ....
2. Jaki kolor lubisz?
   Lubię ....
3. Co lubisz kupować?
   Lubię kupować ....
4. Czego nie lubisz jeść?
   Nie lubię jeść ....
5. Czy lubisz chodzić na zakupy w towarzystwie?
   Tak / Nie ....

mini dictionary:

w towarzystwie – in company

10 SCHOOL

To moja ulubiona klasa… Od 40 lat…

They have been my favourite class… For 40 years now…

In this lesson:

vocabulary: school and studies, school objects, exams
grammar: the verbs **uczyć się** (to study / to learn), **uczyć kogoś** (to teach), **potrzebować** (to need), modal verbs: **musieć** (have to), **móc** (can), singular possessive pronouns (continuation)

STUDY THE NEW MATERIAL AND THEN COMPLETE THE EXERCISES BELOW.

- Dzisiaj mam egzamin ustny z ekonomii. A wy? (I have an oral economics exam today. And you?)
- My mamy egzamin z literatury angielskiej. To bardzo trudny egzamin. (We have an English literature exam. It is a very difficult exam.)
- Po egzaminie możemy iść do kina albo do kawiarni! (After the exam we can go to the cinema or a café.)
- Zgoda! Musimy odpocząć! (All right! We need to rest.)

Agnieszka studiuje medycynę w Warszawie. Jej studia są bardzo trudne. Agnieszka musi dużo się uczyć i nie może często spotykać się z przyjaciółmi.

Agnieszka studies medicine in Warsaw. Her studies are very hard. Agnieszka has to study a lot and she can't often meet her friends.

GRAMMAR IN A NUTSHELL:

Verbs: **uczyć**

The verb **uczyć** can appear in two structures:

> **uczyć się** (+ genitive):

Uczę się gramatyki. (to learn / to study something: I'm learning / studying grammar.)

> **uczyć kogoś** (to teach somebody), i.e.:

a) **uczyć** (+ accusative):
Uczę Monikę. (to teach somebody: I'm teaching Monica.)

b) **uczyć** (+accusative + genitive):
Uczę Monikę gramatyki. (to teach somebody something: I'm teaching Monica grammar.)

potrzebować

The verb **potrzebować** (to need) conjugates in the same way as the verb **pracować** (to work). It is followed by a noun and an adjective in the genitive, i.e.:

Potrzebuję nowej sukienki. (I need a new dress.)

uczyć się

(ja) uczę się (języka polskiego) – I'm learning (Polish)
(ty) uczysz się – you are learning
on / ona / ono uczy się – he / she / it is learning
pan / pani uczy się – you are learning (formal)
(my) uczymy się – (we are) learning
(wy) uczycie się – (you) are learning
oni / one uczą się – (they) are learning
państwo uczą się – you are learning (formal)

uczyć

(ja) uczę (języka polskiego) – I'm teaching Polish
(ty) uczysz – you are teaching
on / ona / ono uczy – he / she / it is teaching
pan / pani uczy – you are teaching (formal)
(my) uczymy – we are teaching
(wy) uczycie – you are teaching
oni / one uczą – they are teaching
państwo uczą – you are teaching (formal)

Modal verbs

The modal verbs: **musieć** (have to) and **móc** (can) are always followed by an infinitive, i.e.:
Wieczorem mogę iść do kina. (I can go to the cinema in the evening.)
Wieczorem muszę się uczyć. (I have to study in the evening.)

musieć

(ja) muszę – (I) have to
(ty) musisz – (you) have to
on / ona / ono musi – he / she / it has to
pan / pani musi – you have to (formal)
(my) musimy – we have to
(wy) musicie – you have to
oni / one muszą – they have to
państwo muszą – you have to (formal)

móc

(ja) mogę – I can
(ty) możesz – you can
on / ona / ono może – he / she / it can
pan / pani może – you can (formal)
(my) możemy – we can
(wy) możecie – you can
oni / one mogą – they can
państwo mogą – you can (formal)

X SCHOOL

WORDS AND PHRASES:

School:

szkoła (f) – a school
przedszkole (n) – a nursery school
szkoła podstawowa – a primary school
szkoła średnia (f) – a secondary school
uniwersytet (m) / politechnika (f) – a university / a technical university
studiować na uniwersytecie / na politechnice – to study at university / at technical university
uczeń (m) / uczennica (f) – a pupil (he / she)
nauczyciel + *genitive* (historii) – a (history) teacher
kujon (m) – a swot
klasa (f) – a classroom / a class
lekcja (f) + *genitive* (matematyki) – a (maths) class / lesson
przerwa (f) – a break
przedmiot (m) szkolny – a course
kurs (m) językowy – a language course
matematyka (f) – mathematics
historia (f) – history
biologia (f) – biology
geografia (f) – geography
chemia (f) – chemistry
fizyka (f) – physics
język (m) obcy – a foreign language
ocena (f) – a mark
praca (f) domowa – homework
klasówka (f) – a test
wypracowanie (n) – an essay
matura (f) – a maturity exam
egzamin (m) ustny / pisemny – an oral / written exam
egzamin z + *genitive* (historii) – a (history) exam
studiować + *accusative* (biologię) – to study (biology)
obronić się – to defend a thesis / a dissertation
powtarzać – to repeat / to revise
pisać na tablicy – to write on the blackboard
czytać tekst – to read a text
rysować – to draw
liczyć – to count
zdawać egzamin – to take an exam
zdać egzamin – to pass an exam
Zdałem (male) / Zdałam (female) egzamin. – I passed an exam.
nie zdać egzaminu – to fail an exam
ściągać – to crib / to copy
chodzić na lekcje matematyki – to take a maths class
zaczynać / kończyć lekcję – to begin / to finish a lesson
spóźniać się na lekcję – to be late for a class
chodzić na wagary – to play truant
Jestem w drugiej klasie liceum. – I'm in the second year of secondary school.
Jestem studentem + *genitive* (ekonomii).
– I am an economics student.

School objects:

plecak (m) – a backpack
zeszyt (m) – a notebook
podręcznik (m) – a textbook
piórnik (m) – a pencil case
długopis (m) – a ballpoint pen
ołówek (m) – a pencil
kredka (f) – a coloured pencil
linijka (f) – a ruler
nożyczki (pl.) – scissors
gumka (f) do ścierania – a rubber
temperówka (f) – a pencil sharpener
flamaster (m) – a marker (a pen)
kartka (f) papieru – a sheet of paper
gąbka (f) do ścierania – a sponge
kreda (f) – chalk
tablica (f) – a blackboard
ławka (f) / ławki (pl.) – a desk / desks
krzesło (n) / krzesła (pl.) – a chair / chairs
okno (n) – a window
drzwi (pl.) – a door

EXERCISES

10.1
Name the objects shown in the picture and then decide if the statements are true (T) or false (F).

1. ....
2. ....
3. ....
4. ....
5. ....
6. ....

mini dictionary:
na ławce
– on the desk
w klasie
– in the classroom
czysty (-a, -e)
– clean

1. W klasie są krzesła i ławki.   T   F
2. Tablica jest czysta.   T   F
3. W klasie nie ma nauczyciela.   T   F
4. Okno jest zamknięte.   T   F
5. Na ławce jest książka.   T   F
6. W klasie są uczeń i uczennica.   T   F
7. Drzwi są zamknięte.   T   F
8. W klasie są dwa krzesła.   T   F

10.2
Uczyć się or *uczyć*? Complete the sentences using the correct verbs.

Example: > On **uczy się** języka angielskiego.

1. Chciałabym mieszkać w Polsce. .... języka polskiego.
2. Moja matka jest nauczycielką. .... historii.
3. Adam i Robert pracują w szkole. .... matematyki.
4. Chciałbym być lekarzem, więc .... biologii.
5. Chodzę na kurs języka angielskiego. .... gramatyki.
6. Jesteś nauczycielem. .... geografii?
7. Marta .... dzieci hiszpańskiego.
8. Paweł .... chińskiego, bo chce pojechać do Chin.
9. Ten nauczyciel .... informatyki.
10. (my) .... studentów na uniwersytecie.

mini dictionary:
w Polsce
– in Poland
chiński – Chinese language
chce – he / she / it wants
pojechać do Chin
– to go to China

Note:
Chodzę na kurs
+ *genitive* (języka włoskiego).
– I'm taking an Italian course.

mini dictionary:
książka (f)
do matematyki
– maths textbook

10.3
Match the pictures to the given words and complete with the correct possessive pronouns.

1. 2. 3. 4. 5.

a) .... (ja) linijka ......
b) .... (ty) książka do matematyki ......
c) .... (on) gumka do ścierania ......
d) .... (ona) długopis ......
e) .... (on) nożyczki ......

mini dictionary:
słownik (m)
– a dictionary
słowo (n) – a word
słowa (pl.) – words
słów – words
(genitive plural)

10.4
Match the courses to their descriptions.

1. lekcja języka polskiego   a) Potrzebujemy atlasu i mapy.
2. lekcja geografii   b) Potrzebujemy słownika i książki.
                                  Uczymy się gramatyki i słów.
3. lekcja matematyki   c) Potrzebujemy linijki, ołówka i gumki.
                                  Uczymy się liczyć.

1. ....   2. ....   3. ....

10.5
Czego oni potrzebują? (What do they need?) Find these objects.

| tablicy / plecaka / piłki / komputera / słownika / telefonu |

Example: > student: Potrzebuję książki.

1. nauczyciel: Potrzebuję ....
2. sportowiec: Potrzebuję ....
3. konsultantka: Potrzebuję ....
4. uczeń: Potrzebuję ....
5. tłumacz: Potrzebuję ....
6. architekt: Potrzebuję ....

10.6
Match the sentences.

Example: > Potrzebuję chleba. + Muszę iść do sklepu.

1. Jestem zmęczony.
2. Mam egzamin.
3. Mam wolny wieczór.
4. Nie mam czasu.
5. Jestem chory.
6. Mam wakacje.

a) Mogę podróżować.
b) Mogę iść do kina z przyjaciółmi.
c) Muszę się uczyć.
d) Nie mogę dziś grać w tenisa.
e) Muszę iść do lekarza.
f) Muszę odpocząć.

1. .....
2. .....
3. .....
4. .....
5. .....
6. .....

mini dictionary:
zmęczony (-a, e) – tired
wolny (-a, -e) – free
chory (-a, -e) – ill
wakacje (pl.) – summer holidays
do lekarza – to the doctor's
dziś = dzisiaj – today
odpocząć – to rest, to have a rest
czas (n) – time

10.7
Complete the sentences using the correct modal verbs.

> muszę / nie może / nie mogą / możemy / nie musi / mogę

Example: > Jestem studentem. **Muszę** dużo się uczyć.

1. Adam jest emerytem, ... pracować.
2. Chciałabym być szczupła. .... uprawiać sport.
3. Zdałam egzamin, więc .... iść do teatru.
4. Dzisiaj Robert nie ma czasu. .... grać w golfa.
5. Monika i Marek mają dużo pracy, więc .... iść do kina.
6. Mamy dobry aparat fotograficzny, więc .... robić piękne zdjęcia.

mini dictionary:
aparat (m) fotograficzny – a camera
piękny (-a, -e) – beautiful
zdałam egzamin – I've passed (female) the exam

10.8
Read the examples and complete the sentences using the correct form of the verb *studiować*.

Examples: > Co **studiujesz**? – What do you study?
Co pan / pani **studiuje**? – What do you study? (formal)
Studiuję historię sztuki na Uniwersytecie Warszawskim. – I study History of Art at Warsaw University.
Mój brat **studiuje** historię. – My brother studies history.

1. Gdzie (ty) .... ?
2. (ja) .... prawo.
3. Oni .... matematykę.
4. Co .... Aneta?
5. (my) .... na politechnice.
6. Gdzie (wy) .... ?

mini dictionary:
prawo (n) – law

10.9

Translate the words into Polish and complete the crossword. Then answer the question below.

1. a lesson
2. a textbook
3. an exam
4. scissors
5. physics

Rozwiązanie: ....

Jakiego języka się uczysz? (What language do you study?)

Uczę się ....

10.10

Complete the texts using the correct forms of the words given.

mini dictionary:
ekonomia (f) – economics
też – also
szczególnie – particularly
dużo – a lot
psychologia – psychology

I

Kamil jest (1) .... (student). Studiuje (2) .... (ekonomia). (3) .... (uczyć się) też języka angielskiego. Bardzo lubi uprawiać sport, szczególnie grać w piłkę nożną. Kamil (4) .... (musieć) dużo się uczyć i nie (5) .... (móc) często trenować.

II

Monika jest (6) .... (studentka). (7) .... (studiować) psychologię. Jej studia (8) .... (być) bardzo trudne. Monika (9) .... (musieć) zdawać dużo egzaminów. (10) .... (mieć) mało wolnego czasu.

10.11
GRAMMAR: possessive pronouns

Study the table with possessive pronouns, read the examples, and then complete the exercise.

	on (brat) **Czyj?** (Whose?)	**ona** (siostra) **Czyje?** (Whose?)	**ono** (dziecko) **Czyje?** (Whose?)
my	nasz (our)	nasz (our)	nasze (our)
wy	wasz (your)	wasza (your)	wasze (your)
oni	ich (their)		
one	ich (their)		

Examples:
To jest nasz brat i nasza siostra. (This is our brother and our sister.)
To jest nasze dziecko. (This is our child.)

Complete the sentences with the correct pronouns.

Example: > (my) **Nasze** dziecko jest sympatyczne.

1. To jest .... klasa. (my)
2. Czy to jest .... nauczycielka? (wy)
3. .... dziecko jest inteligentne. (oni)
4. .... syn studiuje medycynę. (my)
5. .... ojciec jest architektem. (one)
6. Czy .... dziecko uczy się języka angielskiego? (wy)
7. .... mieszkanie jest wygodne. (my)
8. Czy .... dom jest wygodny? (wy)

mini dictionary:
inteligentny (-a, -e)
– intelligent
medycyna (f)
– medicine
wygodny (-a, -e)
– comfortable

10.12
Complete the sentences using the correct form of the given nouns.

Example: > Mam dziś egzamin z **fizyki**. (fizyka)

1. Agata ma dziś egzamin z .... (literatura)
2. Robert ma egzamin z .... (matematyka)
3. Piotr i Michał mają egzamin z .... (prawo)
4. Wy macie egzamin z .... (język francuski)
5. Monika ma egzamin z .... (biologia)
6. Ja mam egzamin z .... (język polski)
7. My mamy dziś egzamin z .... (język włoski)
8. Masz dziś egzamin z .... ? (fizyka)

Note:
Remember that the word **egzamin z...** is followed by a noun in the genitive.

TEST YOURSELF!

10.13

Choose the correct answer: a, b or c.

Example: > Tomek studiuje **historię**.
          a) historia   **b)** historię   c) historii

1. Jestem chory. Nie .... grać w piłkę.
   a) muszę   b) mogę   c) może
2. Mam wakacje. Nie .... pracować.
   a) muszę   b) mogę   c) musisz
3. Potrzebujemy ....
   a) książkę   b) książki   c) książka
4. (ja) .... ekonomię.
   a) Studiują   b) Studiuje   c) Studiuję
5. Mam dziś egzamin z ....
   a) języka niemieckiego   b) język niemiecki   c) językiem niemieckim
6. (wy) .... klasa
   a) wasza   b) wasze   c) wasz
7. Pracuję w szkole. .... historii.
   a) Uczę się   b) Uczę   c) Uczyć
8. Oni .... języka niemieckiego.
   a) uczę się   b) uczy się   c) uczą się

10.14

Answer the questions below.

Example: > Co studiujesz?
          Studiuję ekonomię.

1. Czego potrzebuje student?
   Student potrzebuje ....
2. Czego się uczysz?
   Uczę się ....
3. Co musisz robić dziś wieczorem?
   Dziś wieczorem muszę ....
4. Co możesz robić dziś wieczorem?
   Dziś wieczorem mogę ....

Did you know?

Kraków (Cracow) is one of the oldest Polish cities. Between 1320 and 1595 it was the capital of Poland. In Cracow there are many historic monuments such as the Renaissance Royal Castle whose features include a gothic chapel where many Polish monarchs are entombed.

11 | NATURE

Przyjemnie jest spędzać czas na łonie natury!

It's a pleasure to spend some time in the bosom of nature!

In this lesson:

vocabulary: animals and plants, the landscape, seasons, months and weather
grammar: the verbs: **opiekować się** (to look after), **rozmawiać** (to talk),
the preposition **z** (with), adverbs of frequency: **zawsze** (always), **nigdy** (never),
często (often), **rzadko** (seldom)

XI NATURE

STUDY THE NEW MATERIAL AND THEN COMPLETE THE EXERCISES BELOW.

- Lubisz zwierzęta? (Do you like animals?)
- Tak, bardzo lubię zwierzęta. (Yes, I like animals very much.)
- Masz jakieś zwierzę w domu? (Do you have any pet at home?)
- Tak, mam psa i kota. Lubię chodzić na spacer z moim psem. (Yes, I have a dog and a cat. I like walking my dog.)
- Ja nie lubię spacerować. Chciałabym mieć rybki albo chomika. (I don't like walking. I would like to have aquarium fish or a hamster.)

Na Maderze zawsze jest bardzo ładna pogoda. Świeci słońce i jest bardzo ciepło. Codziennie możemy chodzić po górach, opalać się i kąpać się. Woda w oceanie jest chłodna i bardzo czysta. Możemy robić piękne zdjęcia.

In Madeira the weather is always beautiful. It is sunny and very warm. Every day we can hike in the mountains, sunbathe and swim. The water in the ocean is cool and very clean. We can take beautiful photos.

GRAMMAR IN A NUTSHELL:

Verbs opiekować się and rozmawiać

The verb **opiekować się** (to look after) conjugates in the same way as **interesować się** (to be interested in): **(ja) opiekuję się, (ty) opiekujesz się** etc., and is also followed by a noun in the instrumental case, i.e.:
Opiekuję się moim dzieckiem. (I am looking / I look after my child.)

The verb **rozmawiać** (to talk) conjugates in the same way as the verb **mieszkać** (to live): **(ja) rozmawiam, (ty) rozmawiasz**, etc. This verb is followed by the preposition **z** (with) and a noun in the instrumental case, i.e.:
Rozmawiam z moim bratem. (I am talking / I talk with my brother.)

The preposition z (with)

It is used when we want to indicate the company of someone when we do something. This preposition is followed by a noun in the instrumental, i.e.:
Idę do kina z moją siostrą. (I am going to the cinema with my sister.)

WORDS AND PHRASES:

Animals and plants:

zwierzę (n) / zwierzęta (pl.) – an animal, a pet / animals
pies (m) / psy (pl.) – a dog / dogs
chodzić na spacer z psem – to walk the dog
karmić + *accusative* – to feed
opiekować się zwierzęciem – to look after a pet
kot (m) / koty (pl.) – a cat / cats
chomik (m) – a hamster
królik (m) – a rabbit
rybki (pl.) – aquarium fish
żółw (m) – a turtle
ptak (m) – a bird
papuga (f) – a parrot
kura (f) – a hen
kaczka (f) – a duck
koza (f) – a goat
owca (f) – a sheep
krowa (f) – a cow
koń (m) – a horse
świnia (f) – a pig
niedźwiedź (m) – a bear
wilk (m) – a wolf
lis (m) – a fox
zając (m) – a hare
żaba (f) – a frog
pająk (m) – a spider
ślimak (m) – a snail
słoń (m) – an elephant
żyrafa (f) – a giraffe
małpa (f) – a monkey
wielbłąd (m) – a camel
lew (m) – a lion
tygrys (m) – a tiger
owady (pl.) – insects
mucha (f) / muchy (pl.) – a fly / flies
mrówka (f) / mrówki (pl.) – an ant / ants

osa (f) – a wasp
pszczoła (f) – a bee
komar (m) – a mosquito
motyl (m) – a butterfly
drzewo (n) / drzewa (pl.) – a tree / trees
krzew (m) / krzewy (pl.) – a bush / bushes
roślina (f) / rośliny (pl.) – a plant / plants
palma (f) / palmy (pl.) – a palm (tree) / palms
róża (f) / róże (pl.) – a rose / roses
tulipan (m) / tulipany (pl.) – a tulip / tulips

The landscape:

niebo (n) – the sky
słońce (n) – the sun
księżyc (m) – the moon
gwiazdy (pl.) – stars
góry (pl.) – the mountains
chodzić po górach – to walk / to hike in the mountains
morze (n) – the sea
kąpać się w morzu – to bathe in the sea
ocean (m) – an ocean
jezioro (n) – a lake
rzeka (f) – a river
skała (f) – a rock
wodospad (m) – a waterfall
las (m) – a wood
pustynia (f) – a desert
wybrzeże (n) – a coast
plaża (f) – a beach
opalać się na plaży – to sunbathe on the beach
piasek (m) – sand
fala (f) – a wave
wyspa (f) – an island
łąka (f) – a meadow
trawa (f) – grass
kwiat (m) / kwiaty (pl.) – a flower / flowers

EXERCISES

11.1
Study the new material and complete the exercise.

Seasons and months:

pora (f) roku – a season
zima (f) / zimą – a winter / in the winter
wiosna (f) / wiosną – a spring / in the spring
lato (n) / latem – a summer / in the summer
jesień (f) / jesienią – an autumn / in the autumn
Lubię zimę, wiosnę, lato, jesień. – I like winter / spring / summer / autumn.
styczeń – January
luty – February
marzec – March
kwiecień – April
maj – May
czerwiec – June
lipiec – July
sierpień – August
wrzesień – September
październik – October
listopad – November
grudzień – December

mini dictionary:
pies (m) – a dog (nominative)
psa – a dog (accusative and genitive)
śnieg (m) – snow

Remember:
Masculine nouns referring to animals have the -a ending in the genitive and in the accusative case, i.e.:
Mam chomika. (I have a hamster.)
Nie mam chomika. (I don't have a hamster.)

Make two dialogues.

- Jaką porę roku lubisz?
- Mój brat też ma małego chomika.
- Nie, nie lubię zwierząt. A ty?
- Lubię lato. A ty?
- Ja nie lubię śniegu. Lubię słońce.
- Bardzo lubię zwierzęta. Mam w domu chomika i papugę.
- Lubisz zwierzęta?
- Ja nie lubię lata. Lubię zimę.

I	II
–	– ....
–	– ....
–	– ....
–	– ....

11.2
Name the landscape elements shown in the picture.

Note:
In the picture you can also see:
chmura (f) – a cloud
chmury (pl.) – clouds

1. ....
2. ....
3. ....
4. ....
5. ....
6. ....

11.3
Make sentences using the verb *opiekować się*.

mini dictionary:
chory (-a, -e) – ill

Example: > ja / mój pies: Opiekuję się moim psem.

1. Babcia i dziadek / wnuk
....

2. Ewa / papuga
....

3. dziecko / mały królik
....

4. (ja) / moje dziecko
....

5. (wy) / ojciec
.... ?

6. (my) / kolega
....

7. Dominika / chory mąż
....

8. (ty) / kot i chomik
.... ?

mini dictionary:
duży (-a, -e) – big
wielki (-a, -ie)
– huge
wzgórze (n) – hill
wzgórza (pl.) – hills

11.4
Match the words to the pictures.

drzewa i wzgórza   wielka pustynia
piękne tulipany   duże jezioro

1. ....

2. ....

3. ....

4. ....

11.5

mini dictionary:
mój / moja
– my (nominative)
moim / moją
– my (instrumental)
nowy (-a, -e) – new

Complete the sentences using the verb *rozmawiać z*.

Example: > ja / mój syn: **Rozmawiam z** moim synem.

1. (ty) / nauczyciel
....
2. (my) / ojciec
....
3. on / piękna kobieta
....
4. (wy) / dyrektor
....?
5. oni / nowy lekarz
....
6. (my) / sąsiad
....

11.6
Study the new material and match the words to the pictures.

The weather:
pora (f) roku – a season
Jest ładna / brzydka pogoda. – The weather is beautiful / terrible.
Jest ciepło / zimno. – It is warm / cold.
Jest pochmurno. – It is cloudy.
Świeci słońce. – It is sunny.
Wieje wiatr. – It is windy.

deszcz (m) – rain
Pada deszcz. – It is raining.
Jest burza. – There is a storm.
Jest mgła. – It is foggy.
śnieg (m) – snow
Pada śnieg. – It is snowing.
Jest mróz. – It is freezing.

1. ....

2. ....

a) Jest ładna pogoda. Świeci słońce.
b) Jest zimno. Pada śnieg.
c) Jest brzydka pogoda. Wieje silny wiatr.
d) Jest pochmurno.

3. ....   4. ....

mini dictionary:
silny (-a,-e) – strong

Did you know?

The Tatras (Tatry) are the highest mountains in Poland, situated in the south of the country. The landscape of the Tatras is characterized, among other things, by exceptional fauna and flora, beautiful valleys, caves, lakes and creeks. The biggest lake in the Tatras is **Morskie Oko**, and the highest peak on the Polish side of the Tatra Mountains is **Rysy** (2499 m).

11.7
Underline the correct sentence endings.

Example: > Lubię chodzić do kina – mężem / **z mężem**.

1. Idę na spacer – moim psem / z moim psem.
2. Opiekuję się – moim kotem / z moim kotem.
3. Rozmawiam – moją matką / z moją matką.
4. Interesuję się – kinem / z kinem.
5. Jem obiad – koleżanką / z koleżanką.
6. Lubię spotykać się – Robertem / z Robertem.
7. Opiekuję się – chorym bratem / z chorym bratem.
8. Lubię grać w tenisa – kolegą / z kolegą.

mini dictionary:
na wakacjach
– on holiday
w Hiszpanii
– in Spain

11.8
Complete the text using the words given.

> ciepło / w morzu / pogoda / słońce / na plaży / w Hiszpanii

Jestem na wakacjach .... (1). Hiszpania jest bardzo piękna. Codziennie jest ładna .... (2). Świeci .... (3) i jest bardzo .... (4). Mogę spacerować, opalać się .... (5) i kąpać się .... (6). Lubię wakacje i lubię Hiszpanię!

11.9
Find the names of the twelve months and then match them to the correct seasons.

Remember:
w styczniu – in January
w lutym – in February
w marcu – in March
w kwietniu – in April
w maju – in May
w czerwcu – in June
w lipcu – in July
w sierpniu – in August
we wrześniu – in September
w październiku – in October
w listopadzie – in November
w grudniu – in December

B	I	P	Y	L	I	S	T	O	P	A	D
C	O	U	W	R	Z	E	S	I	E	Ń	E
I	O	Z	W	M	A	R	Z	E	C	U	C
N	M	B	L	I	P	I	E	C	Z	E	N
M	A	J	W	M	O	E	D	H	F	G	Y
W	N	M	Z	O	I	W	U	L	U	T	Y
Y	S	I	E	R	P	I	E	Ń	O	U	I
B	A	W	S	T	Y	C	Z	E	Ń	O	P
P	A	Ź	D	Z	I	E	R	N	I	K	P
Z	A	K	W	I	E	C	I	E	Ń	L	O
A	I	G	R	U	D	Z	I	E	Ń	I	L
U	L	D	E	C	Z	E	R	W	I	E	C

1. wiosna: .... , ... , ...
2. lato: .... , ... , ...
3. jesień: .... , ... , ...
4. zima: .... , ... , ...

11.10
GRAMMAR: adverbs

Study the new material and complete the exercise below.

You already know four Polish adverbs of frequency:
zawsze (always) – **nigdy** (never)
często (często) – **rzadko** (seldom)

Remember that **nigdy** is used in negative sentences, i.e.:
Zawsze wstaję wcześnie. – I always get up early.
Nigdy nie wstaję wcześnie. – I never get up early.

Complete the sentences with the opposite adverbs.

Example: > Rzadko jem makaron, **często** jem ryż.

1. Na śniadanie zawsze piję kawę, ………………….. nie piję herbaty.
2. Często jem owoce morza, ………………….. jem warzywa.
3. Rzadko piję czerwone wino, ………………….. piję piwo.
4. Nigdy nie jem śniadania, ………………….. jem obiad.
5. Zawsze jem makaron, ………………….. nie jem ryżu.

11.11
Jaka jest pogoda w Polsce? (What's the weather like in Poland?)
Complete the descriptions.

1. Latem w Polsce zawsze …………………………………. (ciepło),
   często …………………………………………. (słońce),
   nigdy …………………………………………. (śnieg).
2. Zimą w Polsce nigdy ……………………………. (ciepło),
   często ……………………. (śnieg) i ………………………. (mróz).
   Rzadko ……………………………………………. (słońce).
3. Jesienią w Polsce często ……………………………. (pochmurno),
   …………………. (deszcz) i …………………….. (wiatr), prawie
   nigdy ………………………………………. (słońce).
4. Wiosną w Polsce często ……………………………. (ciepło),
   prawie nigdy ………………………………… (mrozu).
5. Wiosną w Polsce czasami ……………………………. (deszcz)
   a czasami …………………………………………. (słońce).

mini dictionary:
nie jest ciepło / zimno / pochmurno – it isn't warm / cold / cloudy
nie świeci słońce – it isn't sunny
nie pada deszcz / śnieg – it isn't raining / snowing
nie ma wiatru / mrozu – it isn't windy / snowy / freezing
prawie – almost
czasami – sometimes

mini dictionary:
jej – her

TEST YOURSELF!

11.12
Choose the correct answer: a, b or c.

Example: > (ja) **Opiekuję się** chorym kotem.
     a) opiekujesz się   **b) opiekuję się**   c) opiekują się

1. Idę do kina z ....
    a) brat   b) bratem   c) brata
2. Oni .... z nauczycielem.
    a) rozmawiamy   b) rozmawiacie   c) rozmawiają
3. Opiekuję się jej ....
    a) dziecko   b) dzieckiem   c) dziecka
4. .... wiatr.
    a) Wieje   b) Pada   c) Świeci
5. czerwiec, lipiec, sierpień – ....
    a) wiosna   b) zima   c) lato
6. Nigdy ....
    a) nie jem kolacji   b) jem kolację   c) jem kolacji
7. Zawsze ....
    a) świeci słońce   b) nie świeci słońce   c) świecić
8. zwierzęta: żółw, pies, ...
    a) śnieg   b) jezioro   c) niedźwiedź

mini dictionary:
moja (f)
– my (nominative)
moją (f)
– my (instrumental)

11.13
Answer the questions below.

Example: > Kim się opiekujesz?
            Opiekuję się moją żoną.

1. Jaką porę roku lubisz?
    Lubię ....
2. Z kim lubisz rozmawiać?
    Lubię rozmawiać z ....
3. Jaka jest pogoda zimą w Polsce?
    Zimą w Polsce ....
4. Jak jest pogoda latem w Polsce?
    Latem w Polsce ....

12 TRAVELLING

Wspólne podróże łączą ludzi.

Travelling together bonds people.

In this lesson:

vocabulary: means of transport, journey, holidays, at the hotel
grammar: the verbs: **jeździć** (to go) and **uwielbiać** (to love), the prepositions: **do**, **nad**, **w** (to, over, in), prices

STUDY THE NEW MATERIAL AND THEN COMPLETE THE EXERCISES BELOW.

- Magda, dokąd zwykle jeździsz na wakacje? (Magda, where do you usually go on holiday?)
- Zwykle jeżdżę nad morze lub na jezioro. Uwielbiam opalać się na plaży, kąpać się w morzu i żeglować. (I usually go to the sea or to a lake. I love sunbathing on the beach, swimming in the sea and sailing.)
- Ja lubię jeździć w góry. Zimą, w grudniu lub styczniu, jeżdżę w Tatry. Uwielbiam śnieg i narty! (I love going to the mountains. In winter, usually in December or January, I go to the Tatra mountains. I love snow and skiing.)

Anna uwielbia podróżować. Lubi zwiedzać nowe kraje i poznawać nowe kultury. Zwykle podróżuje samolotem, czasem też samochodem. Zawsze robi zdjęcia i kupuje małą pamiątkę.

Anna loves travelling. She likes visiting new countries and getting to know new cultures. She usually travels by plane, sometimes also by car. She always takes photos and buys a little souvenir on holiday.

GRAMMAR IN A NUTSHELL:

Verbs **jeździć, uwielbiać**

jeździć – to go
(ja) jeżdżę – I go
(ty) jeździsz – you go
on / ona / ono jeździ – he / she / it goes
pan / pani jeździ – you go (formal)
(my) jeździmy – we go
(wy) jeździcie – you go
oni / one jeżdżą – they go
państwo jeżdżą – you go (formal)

When we say what means of transport we take, we use a noun in the instrumental, i.e.: **Czym zwykle jeździsz na wakacje? Jeżdżę samochodem.** (What means of transport do you take to go on holiday? I go by car.)

When we want to specify the place which we go to, we use three prepositions:
jeździć / podróżować:
- **do** + genitive, i.e.: **do Polski / do Warszawy**
  – to Poland / to Warsaw
- **nad** + accusative, i.e.: **nad morze / nad jezioro / nad rzekę** – to the sea, to the lake, to the river
- **w** + accusative, i.e.: **w góry / w Alpy**
  – to the mountains / to the Alps

Dokąd zwykle jeździsz na wakacje? Zwykle jeżdżę w Alpy. (Where do you usually go on holiday? I usually go to the Alps.)

The verb **uwielbiać** (to love) conjugates in the same way as the verb **mieszkać**: **(ja) uwielbiam**, **(ty) uwielbiasz**, etc. It is followed by a verb in the infinitive or a noun in the accusative.

WORDS AND PHRASES:

Means of transport and journey:
samochód (m) – a car
autobus (m) – a bus
motor (m) – a motorbike
jeździć samochodem – to go by car
autostrada (f) – a motorway
stacja benzynowa (f) – a petrol station
tankować – to fill up (with petrol)
benzyna (f) – petrol
statek (m) – a ship
łódka (f) – a boat
pływać statkiem / łódką – to sail by ship / boat
samolot (m) – a plane
latać samolotem – to fly by plane
lotnisko (n) – an airport
zarezerwować lot – to book a flight
miejsce (n) przy oknie – a window seat
miejsce (n) przy korytarzu – an aisle seat
stanowisko (n) odpraw – a check-in point
bramka (f) na lotnisku – a gate
pociąg (m) – a train
dworzec kolejowy (m) – a train station
wagon (m) – a carriage
bilet (m) w jedną stronę / w dwie strony – a one-way ticket / a return ticket
peron (m) – a platform
Chciałbym (male) / Chciałabym (female) kupić bilet do Florencji. – I would like to buy a ticket to Florence, please.
Z którego peronu odjeżdża pociąg do Padwy? – Which platform does the train to Padova leave from?
O której godzinie jest pociąg do... ? – What time does the train to… leave?
podróż (f) / podróżować – a journey / to travel
wycieczka (f) – a trip
wsiadać do samochodu / autobusu / samolotu – to get into a car / to board a bus / to board a plane
wysiadać z samochodu / autobusu / samolotu – to get out of a car / to get off the bus / to get off the plane
opóźnienie (n) – a delay
spóźnić się na pociąg / samolot – to miss the train / the plane
odjazdy / przyjazdy (pl.) – departures / arrivals
odloty / przyloty (pl.) – departures / arrivals (by plane)
wyjeżdżać na wakacje – to set off on holiday
spędzać wakacje – to spend holidays
rozkład jazdy (m) – a timetable
pasażer (m) – a passenger
paszport (m) – a passport
bagaż / nadbagaż (m) – luggage / excess luggage

At the hotel:
hotel (m) – a hotel
rezerwacja (f) – a reservation
pokój (m) / pokoje (pl.) – a room / rooms
nocleg (m) / noclegi (pl.) – accommodation
nocleg (m) ze śniadaniem – accommodation with breakfast included
łazienka (f) – a bathroom
prysznic (m) – a shower
klucz (m) – a key
pokój (m) dwuosobowy – a double room
pokój (m) jednoosobowy – a single room
hostel (m) – a hostel
Chciałbym zarezerwować (+ accusative) pokój dwuosobowy. – I would like to make a reservation for a double room.
Czy śniadanie jest wliczone w cenę? – Is breakfast included in the price?

EXERCISES

12.1
Match the sentences to the pictures.

1. .... 2. .... 3. ....

a) Uwielbiam jeździć motorem!
b) Lubię pływać łódką. W lipcu zawsze jeżdżę na Mazury.
c) Nigdy nie podróżuję samolotem. Zawsze jeżdżę pociągiem.

12.2

mini dictionary:
bo – because
krótki (-a,-ie)
– short
wygodny (-a, -e)
– comfortable
długi (-a,-ie) – long
męczący (-a,-e)
– tiring
ale – but
prowadzić – to drive

What means of transport do you travel by? Complete the sentences using the correct form of the words given.

Example: > Nie lubię jeździć **motorem**. (motor)

Uwielbiam podróżować. Lubię latać (1) .... (samolot), bo podróż jest krótka i wygodna. Lubię też jeździć (2) .... (pociąg). Rzadko podróżuję (3) .... (autobus). Podróż autobusem jest długa i męcząca. Czasem podróżuję (4) .... (samochód), ale nie lubię prowadzić. Nigdy nie pływam (5) .... (statek).

12.3
Find five nouns related to travelling.

KJLOTDFGSTATEKRGHSAMOLOTKJBILETJHCPRZYLOTYCBN

1. .... 2. .... 3. .... 4. .... 5. ....

12.4
Complete the gaps in the sentences and match the words to the pictures.

1. Anna 2. Piotrek 3. Joanna 4. Marta

a) Zawsze podróżuje z .... (mąż).
   Lubi zwiedzać europejskie miasta.
b) Zwykle jeździ na wakacje z .... (kolega).
   Bardzo lubi poznawać lokalną kuchnię.
c) Często jeździ nad morze z .... (mama i tata).
   Lubi spacerować po plaży.
d) Zwykle podróżuje z .... (rodzina): z mężem
   i z dziećmi. Często jeździ nad morze.

1. ....   2. ....   3. ....   4. ....

mini dictionary:
zwiedzać
(+ accusative)
miasto – to go
sightseeing in a city
poznawać
(+ accusative)
– to get to know
something
europejski (-a, -ie)
– European
lokalna kuchnia
– local cuisine
mama (f) – a mum
tata (m) – a dad

12.5
Complete the sentences using the prepositions *do*, *nad* or *w*.

Example: > Latem często jeżdżę **nad** ocean.

1. Rzadko jeździmy .... morze, bo nie lubimy morza.
2. Latem zawsze jeżdżę .... jezioro. Bardzo lubię żeglować.
3. Chiara często jeździ .... Polski. Uwielbia polską kuchnię.
4. Często jeżdżę .... Alpy. Uwielbiam chodzić po górach.
5. Nigdy nie jeżdżę .... Hiszpanii. Nie mówię po hiszpańsku.
6. Oni lubią morze i plażę. Rzadko jeżdżą .... góry.
7. Często jeździmy .... Włoch. Uwielbiamy włoską kuchnię i zabytki.
8. Nigdy nie jeżdżę na wakacje .... miasta, zawsze jeżdżę na wieś.

mini dictionary:
żeglować – to sail
zabytki (pl.)
– monuments
zabytek (m)
– a monument
na wieś
– to the countryside

mini dictionary:
niestety
– unfortunately
oczywiście
– of course

12.6
Make two dialogues.

- Chciałbym zarezerwować pokój dwuosobowy.
- Niestety nie.
- Dzień dobry.
- Bilet w jedną stronę?
- Pokój z łazienką?
- Tak, oczywiście. Czy śniadanie jest wliczone w cenę?
- 47 zł.
- Dzień dobry. Chciałabym kupić bilet na pociąg do Warszawy.
- Nie, poproszę bilet w dwie strony. Ile płacę?

I	II
–	– ....
....	....
–	– ....
....	....
–	– ....
....	....
–	– ....

12.7

mini dictionary:
jak dojść do...
(+ *genitive*) ? – how do I get to...
skręcać w lewo / prawo – to turn left / right

Make the correct sentences.

Example: > Lubię latać + samolotem.

1. Chciałbym zarezerwować
2. Poproszę miejsce
3. Z którego peronu
4. Proszę skręcić
5. Chciałbym kupić bilet
6. Czy śniadanie
7. Jak dojść
8. Nie lubię pływać

a) w lewo.
b) przy oknie.
c) do banku?
d) pokój jednoosobowy.
e) jest wliczone w cenę?
f) statkiem.
g) do Warszawy.
h) odjeżdża pociąg do Krakowa?

1. .....
2. .....
3. .....
4. .....
5. .....
6. .....
7. .....
8. .....

12.8
Match the pictures to the phrases and underline the names of the objects that you can see pictured.

mini dictionary:
Sycylia (f) – Sicily
okulary przeciwsłoneczne (pl.) – sunglasses
ciężki (-a,-e) – heavy
plecak (m) – a backpack

1. .....   2. .....   3. .....   4. .....

a) Na Sycylii jest bardzo ciepło. Muszę kupić okulary przeciwsłoneczne.
b) Pani walizka jest bardzo ciężka. Ma pani nadbagaż.
c) Potrzebuję nowego plecaka.
d) Mam dobry aparat fotograficzny.

12.9
Read the travel agency adverts and then match them to the correct people.

mini dictionary:
biuro (n) podróży – a travel agency
kursy (pl.) żeglarskie – sailing courses
Łeba – a town at the Baltic seaside
Mazury – Polish lakes region
piesze wycieczki (pl.) – walking tours
Zakopane – the winter capital of Poland
Zapraszamy – You are invited / Welcome
w cenie... – at a price...
żaglówka (f) – a sailing boat
muzeum (n) – a museum
muzea (pl.) – museums
robić zdjęcia (pl.) – to take photos

1. Biuro podróży *Twoje słońce*
Lubisz słońce, wodę i piasek?
Zapraszamy do Łeby!
pokoje dwuosobowe z łazienką
tel. 059 4036510

2. Biuro podróży Wysokie Góry
Lubisz góry i piesze wycieczki?
Zapraszamy do Zakopanego!
noclegi ze śniadaniem w cenie od 50 zł

3. Biuro podróży Łódka
Lubisz żeglować?
wakacje z żaglówką na Mazurach
kursy żeglarskie
tel. 87 3406938

4. Biuro podróży Krak
Lubisz zwiedzać miasta, muzea i zabytki?
Zapraszamy do Krakowa!
noclegi ze śniadaniem
tel. 33 4958385

a) Monika jest studentką. Studiuje historię sztuki, bardzo lubi sztukę współczesną. ......
b) Tomek uwielbia jeździć nad jezioro. ......
c) Karolina lubi plażę i morze. Latem zawsze jeździ nad morze. ......
d) Michał często jeździ w góry. Robi piękne zdjęcia. ......

12.10
Learn how to tell prices in Polish and then complete the exercise.

Ile kosztuje mapa? (singular) (How much does the map cost?)
Ile kosztują okulary? (plural) (How much do the glasses cost?)

The Polish currency is złoty. 1 złoty = 100 groszy

> 1 złoty / grosz
> 2, 3, 4 złote / grosze   5, 6, 7… 21 złotych / groszy
> 22, 23, 24 złote / grosze   25, 25, 30 złotych / groszy
> 32, 33, 34 złote / grosze
> 12, 13, 14 złotych / groszy

Remember:
From 22 onwards all numbers ending with 2, 3 or 4 are followed by the form **złote / grosze**.

Złote / grosze or złotych / groszy? Choose the correct form.

Example: > 13 złotych / groszy

1. 4   a) złote / grosze   b) złotych / groszy
2. 8   a) złotych / groszy   b) złote / grosze
3. 11   a) złote / grosze   b) złotych / groszy
4. 22   a) złote / grosze   b) złotych / groszy
5. 21   a) złotych / groszy   b) złote / grosze
6. 34   a) złote / grosze   b) złotych / groszy
7. 30   a) złotych / groszy   b) złote / grosze
8. 35   a) złote / grosze   b) złotych / groszy

12.11
Choose the correct form: *złote* or *złotych*.

mini dictionary:
bilet autobusowy
– a bus ticket
przewodnik (m) turystyczny
– a guidebook

Example: > Bilet do Warszawy kosztuje 90 **złotych**.

1. Bilet autobusowy kosztuje 3 ……………………… . (3 zł)
2. Mapa kosztuje 7 ……………………… . (7 zł)
3. Okulary kosztują 27 ……………………… . (27 zł)
4. Plecak kosztuje 55 ……………………… . (55 zł)
5. Walizka kosztuje 83 ……………………… . (83 zł)
6. Przewodnik turystyczny kosztuje ……………………… . (36 zł)
7. Nocleg ze śniadaniem kosztuje 62 ……………………… . (62 zł)
8. Bilet do Krakowa kosztuje 52 ……………………… . (52 zł)

12.12
Ask about the price of things from exercise 12.11.

Example: > Ile kosztuje bilet do Warszawy?

1. .... ?
2. .... ?
3. .... ?
4. .... ?
5. .... ?
6. .... ?
7. .... ?
8. .... ?

12.13
Ask about the price of the things in the pictures and answer these questions.

mini dictionary:
spodenki (pl.)
– shorts

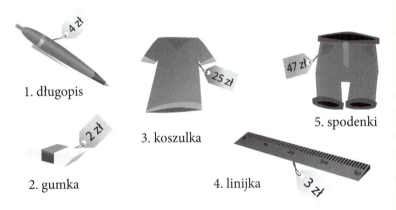

1. długopis
2. gumka
3. koszulka
4. linijka
5. spodenki

1. .... ?
   ....
2. .... ?
   ....
3. .... ?
   ....
4. .... ?
   ....
5. .... ?
   ....

TEST YOURSELF!

12.14
Choose the correct answer: a, b or c.

Example: > jeździć **w** góry
      a) w   b) nad   c) do

1. podróżować ....
   a) pociąg   b) pociągu   c) pociągiem
2. jeździć .... morze
   a) w   b) nad   c) do
3. .... statkiem
   a) jeździć   b) pływać   c) latać
4. zwiedzać ....
   a) nad morze   b) w góry   c) zabytki
5. Bilet do Krakowa .... 70 złotych.
   a) kosztuje   b) kosztują   c) kosztujecie
6. 40 ....
   a) złoty   b) złotych   c) złote
7. nocleg ....
   a) jednoosobowy   b) dwuosobowy   c) ze śniadaniem
8. jeździć ....
   a) samolotem   b) pociąg   c) samochodem

12.15
Answer the questions from this lesson.

Example: > Z kim zwykle podróżujesz?
      Zwykle podróżuję z kolegą.

1. Dokąd lubisz jeździć na wakacje?
   Lubię jeździć ....
2. Czym podróżujesz?
   Podróżuję ....
3. Z kim podróżujesz?
   Podróżuję z ....
4. Ile kosztuje ta książka? (60 zł)
   Ta książka kosztuje ....

Did you know?

All Saints' Day (**Dzień Wszystkich Świętych**, on the 1st of November) is one of the most important festivals celebrated in Poland. On this day the Polish people remember family and friends who have died. They go the cemetery to light commemorative candles and lay wreathes on their tombs.

13 HEALTH

W czym on się specjalizuje?!

What does he specialize in?!

In this lesson:

vocabulary: illnesses, at the doctor's, at the chemist's
grammar: the verb: **boleć** (to hurt), personal pronouns in the accusative

STUDY THE NEW MATERIAL AND THEN COMPLETE THE EXERCISES BELOW.

- Dzień dobry. W czym mogę pomóc? (Good morning. How can I help you?)
- Dzień dobry. Mam katar i kaszel. Poproszę krople do nosa i syrop na kaszel. (Good morning. I have a cough and a runny nose. I'd like some nose drops and cough syrup.)
- Proszę bardzo. (Here you are.)
- Dziękuję. (Thank you.)

Karol dużo pracuje, wstaje bardzo wcześnie i prawie nigdy nie je śniadania. Od dawna źle się czuje. Jest bardzo zmęczony i ma silne bóle głowy. Musi iść do lekarza i zrobić badania.

Karol works a lot, he gets up very early and hardly ever has breakfast. He has been feeling ill for a long time. He is very tired and gets strong headaches. He has to go to the doctor and have some tests.

GRAMMAR IN A NUTSHELL:

Verbs

boleć (to hurt)

The verb **boleć** (to hurt) appears only in two forms:

boli (hurts) for singular nouns – **Boli mnie gardło.** (My throat hurts.)
bolą (hurt) for plural nouns – **Bolą mnie oczy.** (My eyes hurt.)

This verb is followed by personal pronouns in the accusative:

nominative	accusative
ja – I	**mnie** – me
ty – you	**cię (ciebie)** – you
on – he	**go (jego)** – him
ona – she	**ją** – her
ono - it	**je** - its
pan – you (formal)	**pana** – you
pani – you (formal)	**panią** – you
my – we	**nas** – us
wy – you	**was** – you
oni – they	**ich** – them
one – they	**je** – them
państwo – you (formal)	**państwa** – them

Example:
Boli ją brzuch. (Her stomach hurts.)

WORDS AND PHRASES:

Illnesses:

zdrowie (n) – health
choroba (f) – an illness
ból (m) / bóle (pl.) – pain / pains
mieć ból / bóle – to be in pain
ból brzucha – a stomachache
ból głowy – a headache
ból gardła – a sore throat
ból zęba – a toothache
kaszel (m) – a cough
katar (m) – a runny nose
temperatura (f) – a temperature
mieć kaszel, katar, temperaturę – to have a cough / a runny nose / a temperature
grypa (f) – flu
mieć nadwagę / niedowagę – to be overweight / underweight
Jestem chory (male) / chora (female). – I am ill.
Jestem przeziębiony (male) / przeziębiona (female). – I have a cold.
Jestem zdrowy (male) / zdrowa (female). – I am healthy.

At the doctor's:

lekarz (m) / lekarka (f) – a doctor
dentysta (m) / dentystka (f) – a dentist
okulista (m) / okulistka (f) – an ophthalmologist
pielęgniarz (m) / pielęgniarka (f) – a nurse
pacjent (m) / pacjentka (f) – a patient
szpital (m) – a hospital
leżeć w szpitalu – to be in hospital
karetka (f) pogotowia – an ambulance
zastrzyk (m) – an injection
operacja (f) – an operation
plomba (f) – a filling
bandaż (m) – a bandage
gips (m) – a cast
plaster (m) – a plaster
mieć wizytę u lekarza – to have a medical appointment
iść do lekarza – to go to the doctor's
zrobić badania – to have (medical) tests
przeziębić się – to catch a cold
zachorować – to fall ill
boleć – to hurt
kaszleć – to cough
czuć się źle / dobrze – to feel bad / fine
Źle się czuję. – I'm feeling unwell.
On / Ona źle się czuje. – He / She is feeling bad.
leżeć w łóżku – to stay in bed
recepta (f) – a prescription
zwolnienie lekarskie (n) – sick leave
badać – to examine
leczyć – to treat
mierzyć temperaturę – to take one's temperature
przepisać lekarstwo – to prescribe a medicine
wyzdrowieć – to recover
przytyć – to put on weight
schudnąć – to lose weight
prawidłowo się odżywiać – to eat properly
być na diecie – to be on a diet
Co panu / pani dolega? – What seems to be the trouble?
Co panu / pani jest? – What is wrong?
Jak pan / pani się czuje? – How are you feeling?
Co pana / panią boli? – What is hurting?
Jest mi niedobrze. – I feel sick.
Boli mnie brzuch. – My stomach hurts.
Mam temperaturę. – I have a temperature.

EXERCISES

mini dictionary:
plecy – back
chodzić na masaże
– to have massage therapy
soki (pl.) – juices
świetnie – great
lekarstwo (n)
– a medicine
lekarstwa (pl.)
– medicines

13.1
Match the words to the pictures.

1. .... 2. .... 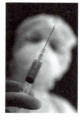 3. ....  4. ....

a) Nie lubię zastrzyków. Nie lubię szpitala.
b) Często bolą mnie plecy. Muszę chodzić na masaże.
c) Jestem chory, muszę leżeć w łóżku i brać lekarstwa.
d) Jem owoce i piję soki. Czuję się świetnie!

mini dictionary:
wezwać pomoc
– to call for help
krople do nosa (pl.)
– nose drops

13.2
Create the correct sentences.

Example: > chory / Tomek / jest
        Tomek jest chory.

1. wezwać / pomoc / proszę
.... !
2. mi / niedobrze / jest
....
3. dzisiaj / u lekarza / wizytę / mam
....
4. Marek / w łóżku / leżeć / musi
....
5. dolega / panu / co
.... ?
6. badania / musisz / zrobić
....
7. mąż / źle / się czuje / mój
....
8. syrop / poproszę / na kaszel / i / krople do nosa
....

13.3
Match the words to create the correct expressions.

Example: > czuć się + źle

1. brać a) badania
2. złamać b) w łóżku
3. mierzyć c) temperaturę
4. leżeć d) do lekarza
5. mieć e) bóle głowy
6. być f) na diecie
7. zrobić g) lekarstwa
8. iść h) rękę

1. ...   2. ...   3. ...   4. ...   5. ...   6. ...   7. ...   8. ...

mini dictionary:
złamać – to break

13.4
Make two dialogues.

- Dzień dobry!
- Źle się czuję. Boli mnie gardło.
- Dzień dobry! Co panu dolega?
- Czy ma pan temperaturę?
- Proszę.
- Dzień dobry! Poproszę syrop na kaszel.
- Tak, mam wysoką temperaturę.
- Dziękuję.

mini dictionary:
gardło (n) – a throat
wysoka temperatura – a high temperature

At the chemist's:	At the doctor's:
–	– ....
–	– ....
–	– ....
–	– ....
–	– ....
–	– ....

mini dictionary:
być na zwolnieniu
– to be on sick leave
powinna
– she should
więcej – more
miał – he had /
he has had

13.5
Complete the sentences using the words given.

leżeć / przeziębiony / niedobrze / chora / brać / do lekarza
temperaturę / bada / bóle brzucha / szpitalu / niedowagę

1. Dużo pracuję i jem kolację bardzo późno. Często mam
   ……………………… i jest mi ……………………… .
2. Mam kaszel i ……………………… . Muszę iść ……………………… .
3. Mam katar. Jestem ……………………… .
4. Jestem chora. Muszę ……………………… lekarstwa
   i ……………………… w łóżku.
5. Agata jest ……………………… i jest na zwolnieniu.
6. Lekarz ……………………… moje dziecko.
7. Marta ma ……………………… . Powinna jeść więcej.
8. Marek miał operację i leży w ……………………… .

13.6
Translate the words into Polish and complete the crossword.

1. a plaster
2. the chemist's
3. medicines
4. a bandage
5. healthy
6. a cough

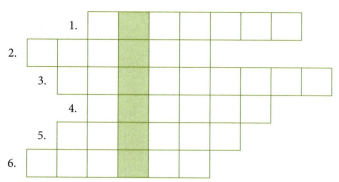

Rozwiązanie: ………………………………

13.7
Complete the sentences using the correct form for the personal pronouns.

Example: > Boli **pana** gardło? (pan)

1. Boli .... głowa? (ty)
2. Boli .... brzuch. (on)
3. Bolą .... płuca. (ja)
4. Boli .... noga. (ona)
5. Boli .... głowa. (my)
6. Boli .... gardło? (wy)
7. Boli .... głowa. (one)
8. Bolą .... zęby. (oni)
9. Bolą .... nerki. (ja)
10. Boli .... kolano. (ona)

mini dictionary:
płuca (pl.) – lungs
nerki (pl.) – reins
kolano (n) – a knee

13.8
Complete the sentences using the correct form for the personal pronouns.

Example: > Lubię **go**. (on)

1. On lubi .... (wy)
2. (my) Lubimy .... (ty)
3. Czy ty .... lubisz? (ja)
4. Oni .... lubią. (my)
5. Lubisz .... ? (ona)
6. Lubię .... (oni)

13.9
Make the correct sentences.

Poproszę		lek przeciwbólowy.
Idę	Złamałem	nogę. w szpitalu.
Nie lubię	Leżę	chorować. do apteki.

mini dictionary:
złamałem... – I've broken... (male)
lek (m) przeciwbólowy – a painkiller
do apteki – to the chemist's
chorować – to be ill

1. ....
2. ....
3. ....
4. ....
5. ....

13.10
What is hurting you? Make the correct sentences.

Boli mnie...

1. Boli mnie .... 2. ....

3. .... 4. .... 5. ....

Memorize a few words in the genitive:
kataru, kaszlu, syropu, bandaża, plastra, lekarstwa

13.11
Decipher the anagrams and then make sentences out of them.

Example: > BCHRZU – **brzuch**: Boli mnie **brzuch**.

1. ZBYĘ – ....
....

2. KRAAT – ....
....

3. GAOŁW – ....
....

4. KLSZAE – ....
....

5. LEAKWSRAT – ....
....

6. GŁADRO – ....
....

7. HYRCO – ....
....

8. TAIED – ....
....

13.12
Translate the following sentences into Polish.

Example: > I am healthy. (male) – **Jestem zdrowy.**

1. I am ill. (female)
....
2. I've broken my leg. (male)
....
3. I have a temperature.
....
4. I need to take some tests.
....
5. I need to go to the doctor's.
....
6. My eyes hurt.
....
7. I feel bad.
....
8. I have to stay in bed.
....

13.13
What would you buy in the following situations? Choose the appropriate words and then create sentences with them.

Example: > ból głowy – **Poproszę lek przeciwbólowy.**

| tabletki (2 x) / bandaż i plaster / syrop na kaszel / krople do nosa |

1. temperatura – ....
   ....
2. katar – ....
   ....
3. rana – ....
   ....
4. kaszel – ....
   ....
5. ból gardła – ....
   ....

mini dictionary:
tabletki (pl.) – pills
tabletka (f) – a pill
rana (f) – a wound, an injury, a cut

Remember:
After **Proszę**
(I'd like to…)
we use nouns
in the accusative.

> **Did you know?**
>
> **Zamość** is a town in south eastern Poland. The town is known as the Pearl of the Renaissance or Padova of the North. It is famous for its Renaissance architecture which has remained practically unchanged throughout the years. The most important monuments include the 16th Century Great Market Square and the Town Hall, as well as several impressive, arcaded tenement houses.

TEST YOURSELF!

13.14
Choose the correct answer: a, b or c.

Example: > Lubię **je**. (Anna i Ewa)
         a) ją   **b)** je   c) ich

1. .... mnie ręce.
  a) Bolą   b) Boli   c) Mam
2. Brzuch .... boli. (on)
  a) ją   b) mnie   c) go
3. Co panu .... ?
  a) boli   b) dolega   c) się czuje
4. Mam ....
  a) temperatura   b) temperaturą   c) temperaturę
5. Boli mnie ....
  a) kaszel   b) gardło   c) lekarstwa
6. Lubię .... (one)
  a) je   b) ich   c) ją
7. .... mi niedobrze.
  a) Jest   b) Mam   c) Boli
8. Muszę .... lekarstwa.
  a) leżeć   b) iść   c) brać

13.15
Answer the questions below.

Example: > Jak pan się czuje?
        Czuje się świetnie.

1. Czy jest pan zdrowy?
....
2. Jak pan / pani się czuje?
Czuję się ....
3. Co panu / pani dolega? (katar, temperatura)
....
4. Co pana / panią boli? (zęby)
....

ANSWER KEY

1 PRONUNCIATION AND THE ALPHABET

1.1
1. wazon, 2. woda, 3. dom,
4. gazeta, 5. bębenek, 6. rzeka,
7. żółty, 8. źle

1.2
1. śliwki, 2. pomarańcza,
3. kieliszek

1.3
1. o, 2. om, 3. on, 4. em, 5. en,
6. e

1.5
1. d, 2. w, 3. rz, 4. b, 5. b, 6. w,
7. z, 8. ż, 9. w, 10. b, 11. z,
12. dż, 13. g, 14. ź, 15. dź, 16. g

2 FIRST MEETINGS

2.1
pan / pani: Dzień dobry!,
Skąd pani jest?, A pani?,
Dobranoc!, Do widzenia!
ty: Cześć!, Skąd jesteś?,
Na razie!, Jak się masz? Jak się nazywasz?

2.2
1. d, 2. c, 3. e, 4. g, 5. a, 6. h,
7. b, 8. f

2.3
1. **być:** jesteś / jest / jestem / jest
2. **nazywać się:** nazywa się / nazywasz się / nazywam się / nazywa się

2.4
1. Ona, 2. Ona, 3. On, 4. (ja),
5. (ty), 6. on, 7. ona, 8. pani,
9. pan, 10. pan, 11. pani,
12. pani, 13. pani, 14. pan

2.5
1. On nazywa się Tomek. Jest obcokrajowcem. Jest z Anglii / z Francji.
2. (ja) Nazywam się Tomek / Agata. Jestem obcokrajowcem. Jestem z Anglii / z Francji.
3. Ona nazywa się Agata. Jest obcokrajowcem. Jest z Anglii / z Francji.

2.6
1. Jestem, 2. jest, 3. jest,
4. Jestem, 5. jest, 6. jesteś,
7. jest, 8. jesteś, 9. jest, 10. jest,
11. Jesteś, 12. jest, 13. jesteś,
14. jest

2.7
1. Cześć, 2. masz, 3. ty, 4. Dzień dobry, 5. mi miło, 6. Co, 7. Po

2.8
1. W jakim języku mówisz?
2. Skąd pan jest?
3. Czy mówi pani po polsku?,
4. Ten chłopak mówi po niemiecku.
5. Czy mówisz po japońsku?,
6. Jestem z Włoch i mieszkam w Rzymie.
7. Nic nie szkodzi.

2.9
1. z Francji, 2. z Włoch,
3. z Niemiec, 4. z Polski,
5. z Hiszpanii, 6. z Anglii,
7. z Rosji, 8. z Francji

2.10
1. Polska, 2. Hiszpania,
3. Włochy, 4. Francja, 5. Anglia

2.11
1. Angielką, Anglikiem,
2. Francuzką, Francuzem,
3. Hiszpanką, Hiszpanem,
4. Włochem, Włoszką,
5. Polakiem, Polką,
6. Rosjaninem, Rosjanką

2.12
1. Marie jest z Francji. (Ona) mówi po francusku i po włosku.
2. Sara jest z Hiszpanii. (Ona) mówi po hiszpańsku i po polsku.
3. Klaus jest z Niemiec. (On) mówi po niemiecku i po hiszpańsku.
4. Steve jest z Anglii. (On) mówi po angielsku i po francusku.

2.13
1. Hiszpanka, 2. Włoch,
3. Polka, 4. Rosjanin,
5. Anglik, 6. Francuz,
rozwiązanie: POLSKA

2.14
1. Czy mówisz po polsku?
2. Dziękuję, bardzo dobrze.
3. Bardzo mi miło.
4. Jak pani się nazywa?
5. Marta mówi po hiszpańsku.
6. Jak się nazywasz?

2.15
1. c, 2. a, 3. b, 4. c, 5. a, 6. b,
7. b , 8. a

2.16
1. Nazywam się Marta Nowak.
2. Jestem z Polski.
3. Mówię po niemiecku i francusku.
4. Bardzo dobrze. / Tak sobie. / Źle.

3 THE HUMAN BEING AND THE FAMILY

3.1
1. b, 2. d, 3. a, 4. c

3.2
1. To są dzieci. 2. To są rodzice. 3. To jest dziecko. 4. To jest głowa., 5. To jest Polka. 6. To jest Ewa. 7. To są nauczyciele. 8. To są nogi. 9. To jest chłopiec 10. To są zęby. 11. To jest dziadek. 12. To są studentki.

3.3
1. głowa, 2. włosy, 3. oko, 4. ucho, 5. ręka 6. nos, 7. brzuch, 8. noga

3.4
1. Nie, to nie jest Niemiec.
2. Nie, to nie jest Adam.
3. Nie, to nie jest komputer.
4. Nie, to nie jest telewizor.
5. Nie, to nie jest stopa
6. Nie, to nie są rodzice.
7. Nie, to nie są niebieskie oczy.
8. Nie, to nie są siwe włosy.
9. Nie, to nie są mapy.
10. Nie, to nie są plecy.

3.5
1. córka, 2. matka, 3. syn, 4. żona, 5. mąż

3.6
1. ma, 2. Mam, 3. ma, 4. Masz, 5. ma, 6. ma

3.7
1. on, ten, 2. ona, ta, 3. ono, to, 4. ono, to, 5. ona, ta, 6. on, ten, 7. ona, ta, 8. on, ten, 9. ono, to, 10. on, ten, 11. ona, ta, 12. ono, to.

3.8
1. Ten, 2. On, 3. Ta, 4. Ona, 5. Ten, 6. Ona, 7. To, 8. To

3.9
1. wesoły, 2. spokojne, 3. ładna, 4. nerwowe, 5. smutny, 6. wysoki, 7. sympatyczny, 8. niska, 9. szczęśliwe, 10. młoda

3.10
1. wysoka / ładna, 2. niski / gruby, 3. małe / piękne, 4. młoda / wesoła, 5. chudy / brzydki, 6. stary / niesympatyczny, 7. smutne / nerwowe, 8. szczupły / przystojny, 9. uparty / niesympatyczny, 10. młoda / sympatyczna

3. 11
1. ma, 2. oczy, 3. jest, 4. sympatyczny, 5. i

3.12
1. a, 2. a, 3. a, 4. c, 5. a, 6. b, 7. c, 8. a

3.13
1. To jest dziewczyna.
2. To jest głowa. 3. Nie, to nie jest Kamil. 4. Ona jest ładna i sympatyczna., 5. Nie, Maria ma brązowe włosy i zielone oczy.

4 WORK

4.1
1. c, 2. b, 3. d, 4. a, 5. g, 6. e, 7. f, 8. h

4.2
1. pracujesz, 2. pracuje, 3. pracuje, 4. Pracuję, 5. pracuje, 6. pracuje, 7. pracuje, 8. Pracujesz

4.3
1. d, 2. c, 3. a, 4. b
Jestem studentką. Jeszcze nie pracuję. / Jesteś inżynierem? Tak, pracuję w firmie budowlanej. / Jestem na emeryturze. Już nie pracuję. / Jaka jest pana praca? Moja praca jest nudna.

4.4
1. kucharz, 2. policjant, 3. sprzedawczyni
1. a, d, 2. c, e, 3. b, f

4.5
1. c, 2. a, 3. d, 4. a

4.6
1. lekarzem / lekarką, 2. studentem / studentką, 3. prawnikiem / prawniczką, 4. dyrektorem / dyrektorem, 5. kolegą / koleżanką, 6. synem / córką, 7. mężem / żoną, 8. dzieckiem

4.7
1. pilotem, 2. kucharką, 3. strażakiem, 4. policjantem, 5. lekarką,
rozwiązanie: PRACA

4.8
1. interesująca, 2. ciężka, 3. spokojna, 4. źle płatna

4.9
1. Pracuje, 2. informatykiem, 3. pracownik, 4. odpowiedzialna

4.10
1. moja, 2. twój, 3. jego, 4. mój, 5. jej, 6. jego, 7. mój, 8. twoje, 9. jego, 10. jego

4.11
1. moja, 2. Mój, 3. moja, 4. Mój, 5. Moje, 6. twoja, 7. twój, 8. twoje, 9. jej, 10. jej, 11. jego, 12. jego, 13. Jego, 14. jego

4.12
1. b, 2. a, 3. b, 4. b, 5. c, 6. a, 7. a, 8. a

4.13
The answers below are examples
1. Jestem nauczycielem / nauczycielką.

2. Pracuję w szkole.
3. Moja praca jest interesująca.
4. To jest moja książka do polskiego.
5. Tak, jestem studentem / studentką. // Nie, nie jestem studentem / studentką.

5 SPORT AND LEISURE

5.1
1. d, 2. b, 3. a, 4. c

5.2
1. pływać c) 2. biegać a), 3. grać w tenisa d), 4. grać w piłkę nożną b)

5.3
1. d, 2. a, 3. b, 4. c

5.4
1. lubisz / lubię / lubi, 2. interesuję się / interesuje się / interesujesz się, 3. trenuje / trenujesz / trenuję, 4. spaceruje / spaceruję / spacerujesz, 5. żeglujesz / żegluje / żegluję

5.5
1. oglądać telewizję, 2. robić zdjęcia, 3. grać na gitarze, 4. chodzić do kina, 5. słuchać muzyki, 6. uprawiać sport, 7. czytać książki

5.6
1. Lubi, trenuje, 2. lubię, podróżuję, 3. żegluje, lubi, 4. spaceruję, Lubię

5.7
1. miłą, 2. wysokim, 3. ambitną, 4. dowcipnym, 5. inteligentnym, 6. dobrym, 7. piękną, 8. sympatycznym

5.8
1. twoim, 2. moim, 3. jego, 4. twoim, 5. moją, 6. moją, 7. jej, 8. jego

5.9
1. polityką europejską / malarstwem, 2. kinem francuskim / muzyką, 3. teatrem włoskim / literaturą polską, 4. sportem / sztuką współczesną, 5. piłką nożną / historią

5.10
1. koszykówka, 2. pływanie, 3. golf, 4. aerobik, 5. siatkówka.; **rozwiązanie:** SPORT, Tak, interesuję się sportem. / Nie, nie interesuję się sportem.

5.11
1. Lubię jeździć na nartach.
2. Adam lubi chodzić do kina.
3. Anna interesuje się tańcem współczesnym.
4. Edyta interesuje się polityką zagraniczną.
5. Robert lubi słuchać muzyki i chodzić na koncerty.
6. Interesuję się fotografią i malarstwem francuskim.
7. Lubię oglądać telewizję, rysować i robić zdjęcia.
8. Moja koleżanka interesuje się literaturą polską.

5.12
1. c, 2. b, 3. a, 4. c, 5. c, 6. b, 7. b, 8. b

5.13
The answers below are examples.
1. Interesuję się teatrem i literaturą niemiecką.
2. On / Ona interesuje się malarstwem.
3. Lubię chodzić do teatru i czytać książki.
4. On / Ona lubi chodzić do teatru.

6 TIME AND NUMBERS

6.1
1. b, 2. d, 3. a, 4. c

6.2
1. oni, 2. my, 3. one, 4. wy, 5. państwo, 6. oni, 7. one, 8. oni, 9. oni

6.3
1. dwa, 2. sześć, 3. pięć, 4. trzy

6.4
1. cztery, 2. sześć, 3. trzy, 4. dziewiętnaście, 5. piętnaście, 6. dziesięć, 7. dziewięć, 8. szesnaście, 9. siedem, 10. pięć

6.5
1. dwadzieścia pięć, 2. piętnaście, 3. trzydzieści, 4. czterdzieści dwa, 5. pięćdziesiąt osiem, 6. dziewięćdziesiąt dziewięć, 7. trzydzieści pięć, 8. pięćdziesiąt, 9. czterdzieści sześć, 10. dwadzieścia trzy

6.6
1. Jesteśmy, 2. są, 3. macie, 4. jesteście, 5. mają, 6. Mamy, 7. są, 8. mają, 9. Mam, 10. jest

6.7
1. pierwsza, 2. druga, 3. trzy, 4. piąta, 5. osiem, 6. dziesiąta, 7. dwunasta, 8. czternaście, 9. osiemnasta, 10. dziewiętnaście, 11. dwudziesta

6.8
1. ma, 2. ma, 3. ma, 4. masz, 5. ma, 6. mają, 7. mają, 8. macie

6.9
1. nazywają, 2. pracują, 3. Mówimy, 4. nazywacie, 5. Pracujemy, 6. mówią, 7. pracują, 8. Mówicie, 9. Pracuje, 10. mówi, 11. nazywa, 12. nazywa

6.10
1. czwarta, 2. dziesiąta, 3. pierwsza, 4. siódma, 5. dwunasta / północ / południe, 6. druga

6.11
1. 06:00, 2. 02:50, 3. 04:15, 4. 07:30, 5. 15:00, 6. 18:00, 7. 16:10, 8. 21:00, 9. 03:20, 10. 11:05

6.12
1. piętnastej trzydzieści, 2. ósmej piętnaście, 3. siedemnastej czterdzieści pięć, 4. dziewiętnastej, 5. pierwszej (trzynastej) dziesięć, 6. dwudziestej trzeciej

6.13
1. dziewiąta pięć (pięć po dziewiątej), 2. siódma dwadzieścia (dwadzieścia po siódmej), 3. piąta trzydzieści (wpół do szóstej), 4. dziesiąta piętnaście (piętnaście po dziesiątej), 5. dwunasta czterdzieści (za dwadzieścia pierwsza), 6. piętnasta piętnaście (piętnaście po piętnastej), 7. szósta dziesięć (dziesięć po szóstej), 8. dwudziesta, 9. siedemnasta trzydzieści (wpół do osiemnastej), 10. dziewiąta dwadzieścia pięć (dwadzieścia pięć po dziewiątej), 11. dwudziesta trzecia pięć (pięć po dwudziestej trzeciej), 12. dwudziesta pierwsza piętnaście (piętnaście po dwudziestej pierwszej)

6.14
1. o ósmej, 2. o dziesiątej, 3. o jedenastej, 4. o szesnastej, 5. o osiemnastej, 6. o dziewiętnastej, 7. o dwudziestej

6.15
1. b, 2. a, 3. a, 4. c, 5. b, 6. c, 7. a, 8. b

6.16
The answers below are examples.
1. 506 709 876, 2. Jest 12:30 (dwunasta trzydzieści). 3. Zebranie jest o 16:00. (szesnastej.) 4. Jem kolację o 20:00 (dwudziestej).

7 FOOD

7.1
owoce: jabłko, banan, pomarańcza, truskawka; **warzywa:** pomidor, sałata, marchewka, ogórek; **napoje:** wino, kawa, herbata, woda mineralna; **artykuły spożywcze:** ser, szynka, chleb, mięso

7.2
1. c, 2. d, 3. f, 4. b, 5. e, 6. a

7.3
1. jesz, 2. jedzą, 3. pijecie, 4. jem, 5. Pijesz, 6. jemy, 7. pije, 8. piją, 9. jemy, 10. pije

7.4
1. d, 2. c, 3. a, 4. b

7.5
1. b, 2. d, 3. c, 4. a

7.6
1. kartę, 2. rachunek, 3. zieloną herbatę, 4. stek i warzywa, 5. ciasto czekoladowe, 6. wodę mineralną, 7. białe wino, 8. owoce morza

7.7
1. c, 2. a, 3. b, 4. d, 5. e.

7.8
1. pierwsze danie i napój: zupa pomidorowa, woda mineralna; **2. drugie danie i napój:** kurczak i warzywa, czerwone wino; **3. deser i napój:** sałatka owocowa, kawa

7.9
1. małego kota, 2. ładne dziecko, 3. dobrego lekarza, 4. sympatycznego ojca, 5. ładną siostrę, 6. wesołego kolegę, 7. dobrą nauczycielkę, 8. wysokiego chłopaka

7.10
1. sport, 2. sok owocowy, 3. wodę mineralną, 4. chleb i ser, 5. winogrona i banany, 6. język polski, 7. sałatkę owocową, 8. niemieckie kino

7.11
1. kawiarnię, 2. kawę, 3. sok, 4. czekoladowe, 5. wino

7.12
1. chleb, 2. szynka, 3. jajko, 4. masło, 5. makaron

7.13
1. c, 2. b, 3. a, 4. b, 5. a, 6. c, 7. b, 8. a. 9. a

7.14
The answers below are examples.
1. Na śniadanie jem kanapkę.
2. Na śniadanie piję mleko.
3. Na obiad jem kurczaka i ziemniaki.
4. Na kolację jem sałatkę warzywną.

8 THE HOME AND EVERYDAY ACTIVITIES

8.1
1. b, 2. e, 3. c, 4. g, 5. d, 6. f, 7. h, 8. a, 9. j, 10. i

8.2
1. pralka, 2. łóżko, 3. krzesło, 4. żelazko, 5. fotel, 6. stół,

7. lampa; **ten:** fotel, stół, **ta:** pralka, lampa, **to:** łóżko, krzesło, żelazko

8.3
kuchnia: gotować, jeść śniadanie, lodówka, krzesło, stół; **sypialnia:** iść spać, lampa, łóżko, półka; **łazienka:** myć zęby, prysznic, wanna

8.4
1. (ja) mieszkam, (ty) mieszkasz, (my) mieszkamy, oni mieszkają; 2. (wy) ubieracie się, pan ubiera się, one ubierają się, (ja) ubieram się; 3. pani robi, (ja) robię, (my) robimy, (ty) robisz; 4. (ja) gotuję, państwo gotują, (my) gotujemy, (wy) gotujecie

8.5
1. myją się, 2. myje się, 3. myje, 4. Myjesz, 5. myjemy, 6. myję się, 7. myje się, 8. myją, 9. Myję, 10. myje

8.6
1. bierze, 2. wstajemy, 3. biorę, 4. Wstajesz, 5. bierzecie, 6. wstają, 7. Idziemy, 8. idę, 9. idą, 10. bierze, 11. bierzesz, 12. idziesz

8.7
a) 4, b) 5, c) 1, d) 3, e) 2

8.8
1. jest, 2. są, 3. są, 4. są, 5. jest, 6. są, 7. są, 8. jest

8.9
1. b, 2. a, 3. c

8.10
1. małe mieszkanie, 2. duży dom, 3. duże łóżko, 4. nową pralkę, 5. książki i obrazy, 6. wannę i prysznic, 7. biurko i krzesło, 8. stół i krzesła

8.11
1. mieszka, 2. wstaje, 3. prysznic, 4. śniadanie, 5. idzie, 6. robi

8.12
1. Masz piękny dom.
2. Marek wstaje wcześnie.
3. Magda myje włosy.
4. Anna robi zakupy w supermarkecie.
5. Rano jem śniadanie.
6. Wieczorem idę spać.
7. W pokoju jest szafa.
8. Mieszkam na wsi.

8.13
1. c, 2. a, 3. a, 4. a, 5. b, 6. c, 7. b, 8. b

8.14
The answers below are examples.
1. Mieszkam w mieszkaniu / w domu. 2. Wstaję o siódmej. 3. Rano biorę prysznic, ubieram się i jem śniadanie. 4. W mieszkaniu mam wygodną kanapę, duże łóżko i biurko. 5. Myję włosy codziennie.

9 SHOPPING

9.1
a) 3, b) 5, c) 4, d) 2, e) 1
1. Moja sukienka jest fioletowa. – My dress is violet.
2. Ola kupuje spódnicę. – Ola buys / is buying a skirt.
3. Dominika kupuje buty. – Dominika buys / is buying shoes.
4. Mam nowe sandały. – I have new sandals.
5. Anna kupuje niebieską koszulę. – Anna buys / is buying a blue blouse.

9.2
1. Ile płacę? 2. Ewa lubi chodzić na zakupy. 3. Ile to kosztuje?
4. Czy mogę zapłacić kartą? 5. Chciałabym przymierzyć tę sukienkę. 6. Przymierzalnia jest po prawej stronie.

9.3
a) 2, 5; b) 3, 4; c) 1, 6

9.4
sklep spożywczy: chleb, szynka, masło; **warzywniak:** pomidor, jabłko, marchewka; **sklep obuwniczy:** kalosze, buty, sandały; **sklep odzieżowy:** spódnica, garnitur, spodnie

9.5
1. a, 2. d, 3. c, 4. b

9.6
1. pracuje, 2. białą koszulę, 3. czarny krawat, 4. kupuje, 5. ma na sobie, 6. czapkę

9.7
1. Nie, to nie jest francuski ser. 2. Nie, nie ma. 3. Nie, nie ma. 4. Nie, nie ma. 5. Nie, to nie są skórzane rękawiczki. 6. Nie, nie ma.

9.8
1. bananów, sera, 2. chleba, jabłka, 3. soku, wody, 4. puszka piwa, 5. pudełko herbaty, ryżu

9.9
1. masła, 2. makaronu, 3. chleba, 4. mleka, 5. pieprzu, **rozwiązanie:** SKLEP

9.10
1. czarnej kawy, 2. żółtego sera, 3. nowego garnituru, 4. francuskiego wina, 5. czerwonej spódnicy, 6. soku pomidorowego, 7. dużego mieszkania, 8. białego płaszcza, 9. ciepłej kurtki, 10. włoskiego makaronu

ANSWER KEY

9.11
At the grocer's:
- Dzień dobry! Poproszę chleb i kilogram cukru.
- Coś jeszcze?
- Tak, poproszę butelkę wody. Ile płacę?
- 8 zł.

At the shoe shop:
- Chciałabym przymierzyć te czarne sandały.
- Jaki numer?
- 39.
- Proszę bardzo.

9.12
1. brata, 2. siostry, 3. dyrektora, 4. kolegi, 5. ojca, 6. matki, 7. sąsiada, 8. koleżanki

9.13
1. b, 2. a, 3. c, 4. b, 5. c, 6. a, 7. c, 8. b

9.14
The answers below are examples
1. Mam na sobie sweter i spodnie.
2. Lubię kolor czerwony.
3. Lubię kupować ubrania.
4. Nie lubię jeść makaronu.
5. Tak, lubię chodzić na zakupy w towarzystwie. / Nie, nie lubię chodzić na zakupy w towarzystwie.

10 SCHOOL

10.1
1. okno, 2. ławka, 3. klasa, 4. tablica, 5. drzwi, 6. krzesło; 1. T, 2. F, 3. T, 4. T, 5. F, 6. F, 7. T, 8. T

10.2
1. Uczę się, 2. Uczy, 3. Uczą, 4. uczę się, 5. Uczę się, 6. Uczysz, 7. uczy, 8. uczy się, 9. uczy, 10. Uczymy

10.3
1. d, 2. c, 3. b, 4. a, 5. e,
a) moja linijka,
b) twoja książka do matematyki,
c) jego gumka do ścierania,
d) jej długopis,
e) jego nożyczki

10.4
1. b, 2. a, 3. c

10.5
1. tablicy, 2. piłki, 3. telefonu, 4. plecaka, 5. słownika, 6. komputera

10.6
1. f, 2. c, 3. b, 4. d, 5. e, 6. a

10.7
1. nie musi, 2. Muszę, 3. mogę, 4. Nie może, 5. nie mogą, 6. możemy

10.8
1. studiujesz, 2. Studiuję, 3. studiują, 4. studiuje, 5. Studiujemy, 6. studiujecie

10.9
1. lekcja, 2. podręcznik, 3. egzamin, 4. nożyczki, 5. fizyka;
rozwiązanie: JĘZYK;
Uczę się języka polskiego.

10.10
1. studentem, 2. ekonomię, 3. Uczy się, 4. musi, 5. może, 6. studentką, 7. Studiuje, 8. są, 9. musi, 10. Ma

10.11
1. nasza, 2. wasza, 3. Ich, 4. Nasz, 5. Ich, 6. wasze, 7. Nasze, 8. wasz

10.12
1. literatury, 2. matematyki, 3. prawa, 4. języka francuskiego, 5. biologii, 6. języka polskiego, 7. języka włoskiego, 8. fizyki

10.13
1. b, 2. a, 3. b, 4. c, 5. a, 6. a, 7. b, 8. c

10.14
The answers below are examples.
1. Student potrzebuje książki i słownika.
2. Uczę się języka polskiego.
3. Dziś wieczorem muszę pracować.
4. Dziś wieczorem mogę iść do kina.

11 NATURE

11.1
I
- Jaką porę roku lubisz?
- Lubię lato. A ty?
- Ja nie lubię lata. Lubię zimę.
- Ja nie lubię śniegu. Lubię słońce.

II
- Lubisz zwierzęta?
- Nie, nie lubię zwierząt. A ty?
- Bardzo lubię zwierzęta. Mam w domu chomika i papugę.
- Mój brat też ma małego chomika.

11.2
1. słońce, 2. niebo, 3. góry, 4. wodospad, 5. rzeka, 6. skała

11.3
1. Babcia i dziadek opiekują się wnukiem.
2. Ewa opiekuje się papugą.
3. Dziecko opiekuje się małym królikiem.
4. Opiekuję się moim dzieckiem.
5. Opiekujecie się ojcem?
6. Opiekujemy się kolegą.
7. Dominika opiekuje się chorym mężem.
8. Opiekujesz się kotem i chomikiem?

ANSWER KEY

11.4
1. duże jezioro, 2. piękne tulipany, 3. drzewa i wzgórza, 4. wielka pustynia

11.5
1. Rozmawiasz z nauczycielem. 2. Rozmawiamy z ojcem. 3. On rozmawia z piękną kobietą. 4. Rozmawiacie z dyrektorem? 5. Oni rozmawiają z nowym lekarzem. 6. Rozmawiamy z sąsiadem.

11.6
1. d, 2. c, 3. a, 4. b

11.7
1. z moim psem, 2. moim kotem, 3. z moją matką, 4. kinem, 5. z koleżanką, 6. z Robertem, 7. chorym bratem, 8. z kolegą

11.8
1. w Hiszpanii, 2. pogoda, 3. słońce, 4. ciepło, 5. na plaży, 6. w morzu

11.9
1. **wiosna:** marzec, kwiecień, maj; 2. **lato:** czerwiec, lipiec, sierpień; 3. **jesień:** wrzesień, październik, listopad; 4. **zima:** grudzień, styczeń, luty

11.10
1. nigdy, 2. rzadko, 3. często, 4. zawsze, 5. nigdy

11.11
1. jest ciepło, świeci słońce, nie pada śnieg; 2. nie jest ciepło, pada śnieg, jest mróz, świeci słońce; 3. jest pochmurno, pada deszcz, wieje wiatr, nie świeci słońce; 4. jest ciepło, nie ma mrozu, 5. pada deszcz, świeci słońce

11.12
1. b, 2. c, 3. b, 4. a, 5. c, 6. a, 7. a, 8. c

11.13
The answers below are examples.
1. Lubię jesień.
2. Lubię rozmawiać z koleżanką.
3. Zimą w Polsce jest zimno i pada śnieg.
4. Latem w Polsce jest ciepło i świeci słońce.

12 PODRÓŻE

12.1
1. a, 2. c, 3. b

12.2
1. samolotem, 2. pociągiem, 3. autobusem, 4. samochodem, 5. statkiem

12.3
1. lot, 2. statek, 3. samolot, 4. bilet, 5. przyloty

12.4
a) mężem, b) kolegą, c) mamą i tatą, d) rodziną;
1. a, 2. c, 3. b, 4. d

12.5
1. nad, 2. nad, 3. do, 4. w, 5. do, 6. w, 7. do, 8. do

12.6
I
- Dzień dobry. Chciałbym zarezerwować pokój dwuosobowy.
- Pokój z łazienką?
- Tak, oczywiście. Czy śniadanie jest wliczone w cenę?
- Niestety nie.

II
- Dzień dobry. Chciałabym kupić bilet na pociąg do Warszawy.
- Bilet w jedną stronę?
- Nie, poproszę bilet w dwie strony. Ile płacę?
- 47 zł.

12.7
1. d, 2. b, 3. h, 4. a, 5. g, 6. e, 7. c, 8. f

12.8
1. d, 2. a, 3. c, 4. b
a) Na Sycylii jest bardzo ciepło. Muszę kupić <u>okulary przeciwsłoneczne</u>.
b) Pani <u>walizka</u> jest bardzo ciężka. Ma pani nadbagaż.
c) Potrzebuję nowego <u>plecaka</u>.
d) Mam dobry <u>aparat fotograficzny</u>.

12.9
a) 4, b) 3, c) 1, d) 2

12.10
1. a, 2. a, 3. b, 4. a, 5. a, 6. a, 7. a, 8. b

12.11
1. złote, 2. złotych, 3. złotych, 4. złotych, 5. złote, 6. złotych, 7. złote, 8. złote

12.12
1. Ile kosztuje bilet autobusowy? 2. Ile kosztuje mapa? 3. Ile kosztują okulary? 4. Ile kosztuje plecak? 5. Ile kosztuje walizka? 6. Ile kosztuje przewodnik turystyczny? 7. Ile kosztuje nocleg ze śniadaniem? 8. Ile kosztuje bilet do Krakowa?

12.13
1. Ile kosztuje długopis? Długopis kosztuje 4 (cztery) złote. 2. Ile kosztuje gumka?, Gumka kosztuje 2 (dwa) złote. 3. Ile kosztuje koszulka? Koszulka kosztuje 25 (dwadzieścia pięć) złotych. 4. Ile kosztuje linijka? Linijka kosztuje 3 (trzy) złote. 5. Ile kosztują spodenki? Spodenki kosztują 47 (czterdzieści siedem) złotych.

ANSWER KEY

12.14
1. c, 2. b, 3. b,
4. c, 5. a, 6. b,
7. c, 8. c

12.15
The answers below are examples.
1. Lubię jeździć w góry / nad morze.
2. Podróżuję samolotem.
3. Podróżuję z żoną.
4. Ta książka kosztuje sześćdziesiąt złotych.

13 ZDROWIE

13.1
1. c, 2. a, 3. b, 4. d

13.2
1. Proszę wezwać pomoc!
2. Jest mi niedobrze.
3. Dzisiaj mam wizytę u lekarza.
4. Marek musi leżeć w łóżku.
5. Co panu dolega?
6. Musisz zrobić badania.
7. Mój mąż źle się czuje.
8. Poproszę syrop na kaszel i krople do nosa.

13.3
1. g, 2. h, 3. c, 4. b,
5. e, 6. f, 7. a, 8. d

13.4
At the chemist's:
- Dzień dobry!
- Dzień dobry! Poproszę syrop na kaszel.
- Proszę.
- Dziękuję.
At the doctor's:
- Dzień dobry! Co panu dolega?
- Źle się czuję. Boli mnie gardło.
- Czy ma pan temperaturę?
- Tak, mam wysoką temperaturę.

13.5
1. bóle brzucha / niedobrze,
2. temperaturę / do lekarza,
3. przeziębiony, 4. brać / leżeć,
5. chora, 6. bada, 7. niedowagę,
8. szpitalu

13.6
1. plaster, 2. apteka,
3. lekarstwa, 4. bandaż,
5. zdrowy, 6. kaszel,
rozwiązanie: LEKARZ

13.7
1. cię, 2. go, 3. mnie, 4. ją,
5. nas, 6. was, 7. je, 8. ich,
9. mnie, 10. ją

13.8
1. was, 2. cię, 3. mnie, 4. nas,
5. ją, 6. ich

13.9
1. Złamałem nogę.
2. Poproszę lek przeciwbólowy.
3. Idę do apteki.
4. Leżę w szpitalu.
5. Nie lubię chorować.

13.10
1. Boli mnie brzuch.
2. Boli mnie głowa.
3. Boli mnie noga.
4. Boli mnie ręka.
5. Boli mnie ząb.

13.11
1. zęby – Bolą mnie zęby.
2. katar – Mam katar.
3. głowa – Boli mnie głowa.
4. kaszel – Mam kaszel.
5. lekarstwa – Biorę lekarstwa.
6. gardło – Boli mnie gardło.
7. chory – Jestem chory.
8. dieta – Jestem na diecie.

13.12
1. Jestem chora.
2. Złamałem nogę.
3. Mam temperaturę.
4. Muszę zrobić badania.
5. Muszę iść do lekarza.
6. Bolą mnie oczy.
7. Źle się czuję.
8. Muszę leżeć w łóżku.

13.13
1. tabletki – Poproszę tabletki.
2. krople do nosa – Poproszę krople do nosa.
3. bandaż i plaster – Poproszę bandaż i plaster.
4. syrop na kaszel – Poproszę syrop na kaszel.
5. tabletki – Poproszę tabletki.

13.14
1. a, 2. c, 3. b, 4. c, 5. b, 6. a,
7. a, 8. c

13.15
1. Tak, jestem zdrowy. / Nie, nie jestem zdrowy.
2. Czuję się źle.
3. Mam katar i temperaturę.
4. Bolą mnie zęby.

POLISH – ENGLISH DICTIONARY

A
a – and (indicate a contrast)
a potem – and then
Agaty – Agatha's
aktorka – an actress
ale – but
ambitny (-a, -e) – ambitious
aparat (m) fotograficzny
  – a camera

B
balkon (m) – a balcony
bandaż (m) – a bandage
bardzo – very
bębenek (m) – a drum
biały (-a, -e) – white
bigos (m) – a traditional Polish dish
bilet (m) – a ticket
bilet autobusowy – a bus ticket
biuro (n) podróży – a travel agency
bo – because
brydż (m) – bridge
brzuch (m) – a stomach
butelka – a bottle
być na zwolnieniu – to be on sick leave

C
cebula (f) – an onion
chce – he / she / it wants
chiński – Chinese language
chirurg (m) – a surgeon
chleb (m) – bread
chmura (f) – a cloud
chmury (pl.) – clouds
chodzić – to go, to walk
chodzić na masaże – to have massage therapy
chorować – to be ill
chory (-a, -e) – ill
chusteczka (f) – a tissue
cicho – quietly
ciepło – warm
ciepły (-a, -e) – warm
ciężki (-a,-e) – heavy

ciocia (f) – an aunt
cmentarz (m) – a cemetery
codziennie – every day
Coś jeszcze? – Anything else?
cytryna (f) – a lemon
czasami – sometimes
czekolada (f) – chocolate
czekoladowy (-a, -e) – made of chocolate (adjective)
czerwony (-a, -e) – red
często – often
czwartek (m) – Tuesday
czy – or
czytam – I read / I am reading

D
dąb (m) – an oak
długi (-a,-ie) – long
do apteki – to the chemist's
do lekarza – to the doctor's
do teatru – to the theatre
dobry (-a, -e) – good
dobrze – well
dom (m) – a house
dowcipny (-a,-e) – witty
drzwi (pl.) – door
dużo – a lot
duży (-a, -e) – big
dzieci (pl.) – children
dzień (m) – a day
dziś = dzisiaj – today
dzwon (m) – a bell
dźwig (m) – a crane
dżem (m) – jam
dżokej (m) – a jockey
dżungla (f) – a jungle

E
europejski (-a, -ie) – European

F
frytki (pl.) – chips

G
gałąź (f) – a branch
gardło (n) – a throat
gazeta (f) – a newspaper

gitara (f) – a guitar
gołąbki (pl.) – stuffed cabbage leaves
gotuje (on / ona / ono) – he / she / it cooks

H
her – jej
hotel (m) – a hotel

I
i – and
idę – I go / I'm going
idę spać – I go to sleep
Ile masz lat? – How old are you?
inteligentny (-a, -e) – intelligent
ja – I
jajko (n) – an egg

J
jak często – how often
jak dojść do... (+ genitive) ? – how do I get to...
Japonia (f) – Japan
japoński (-a, -e) – Japanese
jego – his
jego córka – his daughter
jego dziewczyna – his girlfriend
jej – her
jej chłopak – her boyfriend
jej syn – her son
jem – I eat
jesz – (you) eat
jeszcze – yet
jezioro (n) – a lake
język (m) – a tongue
język (m) polski – the Polish language
jogurt (m) – a yoghurt
jutro – tomorrow
już – already

K

kanapka (f) – a sandwich
kąt (m) – an angle
kieliszek (m) – a glass
kilogram – a kilogram
klocki (pl.) – bricks
klocków (pl.) – bricks (genitive)
kolano (n) – a knee
kolega (m) – a friend (male)
koleżanka (f) – a friend (female)
kolor (m) – a colour
komin (m) – a chimney
komputer (m) – a computer
koń (m) – a horse
kopnął – he kicked
kopnęli – they kicked
kot (m) – a cat
koty (pl.) – cats
krajobraz (m) – a landscape
krople do nosa (pl.) – nose drops
królik (m) – a rabbit (nominative)
królika (m) – a rabbit (accusative)
krótki (-a,-ie) – short
książka (f) – a book
książka (f) do matematyki – a maths textbook
książka do polskiego – a Polish textbook
książki (pl.) – books
księgowa (f) – an accountant (female)
kuchenka (f) – a cooker
kuchnia (f) – cuisine / a kitchen
kursy (pl.) żeglarskie – sailing courses
kurtka (f) – a jacket

L

ląd (m) – a land
lek (m) przeciwbólowy – a painkiller
lekarstwa (pl.) – medicines
lekarstwo (n) – a medicine
litr (m) – a litre

lokalna kuchnia (f) – local cuisine
lustro (n) – a mirror

Ł

ładna żona – a pretty wife (nominative)
ładną żonę – a pretty wife (accusative)
ławka (f) – a bench
Łeba – a town at the Baltic seaside

M

małpa (f) – a monkey
mama (f) – a mum
mapa (f) – a map
mapy (pl.) – maps
marchew (f) – a carrot
Mazury – Polish lakes region
medycyna (f) – medicine
męczący (-a,-e) – tiring
męski – masculine
miał – he had / he has had
mieć – to have
mieszka (on / ona / ono) – he / she / it lives
mieszkam – I live
mięso (n) – meat
miły (-a, -e) – nice
moda (f) – fashion
moim (m) – my (instrumental, male)
moja (f) – my (nominative, female)
moją – my (instrumental, female)
monitor (m) – a monitor
mój (m) – my (nominative, male)
mówisz po japońsku – you speak Japanese
mróz – frost
muzea (pl.) – museums
muzeum (n) – a museum

N

na basen – to the swimming pool
na kolację – for supper

na komisariacie – in a police-station
na koncerty – to the concerts
na lodowisku – on the ice rink
na ławce – on the desk
na obiad – for dinner
na śniadanie – for breakfast
na wakacjach – on holiday
na wieś – to the countryside
na zimę – for winter
najpierw – first
nasz (-a, -e) – our
nauczyciele (pl. male) – teachers
nazwisko – a surname
nerki (pl.) – reins
nie mają – they don't have
niedziela (f) – Sunday
niedźwiedź (m) – a bear
niestety – unfortunately
nigdy – never
nowy (-a, -e) – new

O

obiad (m) – a dinner
objął – he embraced
objęli – they embraced
obraz (m) – a painting
obrazy (pl.) – paintings
oczy (pl.) – eyes
oczywiście – of course
odpocząć – to rest, to have a rest
okno (n) – a window
okręt (m) – a ship
okulary (pl.) przeciwsłoneczne – sunglasses

P

pada deszcz – it is raining
pada śnieg – it is snowing
pączek (m) – a doughnut
piątek (m) – Friday
pieniądze (pl.) – money
pies – a dog
piesze wycieczki (pl.) – walking tours
piękny (-a, -e) – beautiful
plaża (f) – a beach
plecak (m) – a backpack
plecy (pl.) – back

płaszcz (m) przeciwdeszczowy – a raincoat
płuca (pl.) – lungs
pływać – to swim
po Europie – around Europe
po lewej stronie – on the left
po plaży – along the beach
po południu – in the afternoon
pochmurno – cloudy
(on / ona / ono) podróżuje – (he / she / it) travels
pojechać do Chin – to go to China
południe (n) – noon
pomarańcza (f) – an orange
pomarańczowy (-a, -e) – made of oranges (adjective)
pomidorowy (-a, -e) – made of tomatoes (adjective)
poniedziałek (m) – Monday
potrawy (pl.) – dishes
powinna – she should
poznawać (+ accusative) – to get to know something
pół – half
północ (f) – midnight
prawie – almost
prawo (n) – law
prowadzić – to drive
przewodnik (m) turystyczny – a guidebook
przez telefon – on the phone
przeziębienie (n) – a cold
przyjaciółka (f) – a close friend (female)
przystojny – handsome (male)
psa (m) – a dog (accusative and genitive)
psychologia (f) – psychology
pudełko (n) – a box
puszka (f) – a can / a tin

R
rana (f) – a wound, an injury, a cut
rano – morning, in the morning
robić zdjęcia (pl.) – to take photos
romantyczny (-a, -e) – romantic

rosół (m) – chicken soup, broth
rower (m) – a bicycle
rozmawiać – to talk
rozwiązanie – answer, solution
ryb (pl.) – fish (genitive)
ryba (f) – a fish
ryby (pl.) – fish (nominative)
rysować – to draw
rzadko – rarely
rzeka (f) – a river

S
sake (n) – sake
sałata (f) – lettuce
sałatka (f) – a salad
sałatka (f) owocowa – fruit salad
samochód (m) – a car
sąsiad (m) – a neighbour (male)
sąsiadka (f) – a neighbour (female)
siedem – seven
silny (-a,-e) – strong
skórzany (-a, -e) – made of leather (adjective)
skręcać w lewo – to turn left
skręcać w prawo – to turn right
słodycze (pl.) – sweets
słowa (pl.) – words (nominative)
słownik (m) – a dictionary
słowo (n) – a word (singular)
słów (pl.) – words (genitive)
smaczny (-a, -e) – delicious
sobota (f) – Saturday
soki (pl.) – juices
sport (m) – sport (nominative)
sportem (m) – sport (instrumental)
(on / ona / ono) sprzedaje – (he / she / it) sells
stek (m) – steak
stopa (f) – a foot
stół (m) – a table
studentka (f) – a student (female)
studentki (pl. female) – students
surowy (-a, -e) – severe

Sycylia (f) – Sicily
syn (m) – a son
szczególnie – especially, particularly
szczęśliwy (-a, -e) – happy
szef – a boss
szkoła (f) – a school
szybko – quickly
szyja (f) – a neck
szynka (f) – ham

Ś
śliwka (f) – a plum
śnieg (m) – snow
środa (f) – Wednesday
świeci słońce – the sun is shining
świetnie – great

T
ta – this (female singular)
tabletka (f) – a pill
tabletki (pl.) – pills
taksówka (f) – a taxi
tam – there
tata (m) – a dad
teatr (m) – a theatre (nominative)
teatrem (m) – a theatre (instrumental)
telefon (m) – a phone
telewizor (m) – a television set
ten – this (male singular)
ten chłopak – this boy
też – also
torebka – a handbag, a bag
tylko – only

U
ubrania (pl.) – clothes
ucho (n) – an ear
uczenica (f) – a pupil
uczeń (m) – a pupil (nominative)
uczniem (m) – a pupil (instrumental case)
ulubiony (-a, -e) – favourite
uparty (-a, -e) – stubborn
urodziny (pl.) – birthday

W

w biurze projektowym
– in a design studio
w biurze tłumaczeń
– in a translation agency
w cenie... – at a price...
w czerwcu – in June
w czwartek – on Tuesday
w dziale handlowym
– in a sales department
w firmie budowlanej
– in a construction company
w górach – in the mountains
w grudniu – in December
w Hiszpanii – in Spain
w interesach – on business
w klasie – in the classroom
w kwietniu – in April
w lesie – in the forest
w lipcu – in July
w listopadzie – in November
w lutym – in February
w maju – in May
w marcu – in March
w morzu – in the sea
w niedzielę – on Sunday
w nocy – at night
w parku – in the park
w październiku – in October
w piątek – on Friday
w Polsce – in Poland
w południe – at noon
w poniedziałek – on Monday
w Rzymie – in Rome
w sierpniu – in August
w sobotę – on Saturday
w styczniu – in January
w supermarkecie
– in a supermarket
w środę – on Wednesday
w towarzystwie – in company
w Warszawie – in Warsaw
wakacje (pl.) – summer holidays
walizka (f) – a suitcase
warzywny (-a, -e) – made of vegetables (adjective)
wazon (m) – a vase
wąsy (pl.) – moustache
wąż (m) – a snake
we wrześniu – in September
we wtorek – on Tuesday
wezwać pomoc – to call for help
wiatr (m) – wind
widelec (m) – a fork
wieczorem – in the evening
wielki (-a, -ie) – huge
wieś (f) – countryside
więc – so
więcej – more
winogrona (pl.) – grapes
woda (f) – water
wolny (-a, -e) – free
wódz (m) – a leader
wracam do domu – I come / I am coming back home
wtorek (m) – Tuesday
wygodny (-a ,-e) – comfortable
wysoka temperatura (f)
– a high temperature
wzgórza (pl.) – hills
wzgórze (n) – a hill
wziął – he took
wzięli – they took

Z

z Francji – from France
z matką – with / to (one's) mother
z Niemiec – from Germany
z Paryża – from Paris
z sosem – with a sauce, with a dressing
z Włoch – from Italy
zabytek (m) – a monument
zabytki (pl.) – monuments
zaczął – he began
zaczęli – they began
zadowolony ze swojej pracy
– satisfied with his job
zagraniczny (-a, -e) – foreign
Zakopane – the winter capital of Poland
zapraszamy – you are invited / welcome
zawsze – always
ząb (m) – a tooth
zdałam egzamin – I've passed (female) the exam
zdjęcia (pl.) – photos
zdjęcie (n) – a photo
zegar (m) – a clock
zeszyt (m) – a notebook
zeszyty (pl.) – notebooks
zęby (pl.) – teeth
zielony (-a, -e) – green
zimno – cold (adverb)
złamać – to break
złamałem... – I've broken... (male)
zmęczony (-a, e) – tired
zobacz, jaki (...) – look what a (...)
zupa (f) ogórkowa – cucumber soup
zwiedzać – to visit
zwiedzać (+ accusative) miasto
– to go sightseeing in a city
zwykle – usually, habitually

Ź

źle – bad / badly

Ż

żaglówka (f) – a sailing boat
żeglarstwem (n) – sailing (instrumental)
żeglarstwo (n) – sailing (nominative)
żeglować – to sail
żółty – yellow

NOTES

NOTES

NOTES

NOTES

Learn to speak **Polish!**

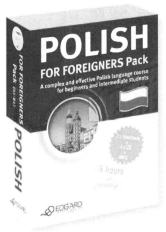

Comprehensive elementary course

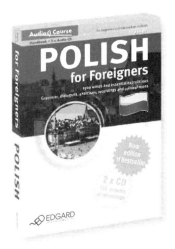

Best for Beginners

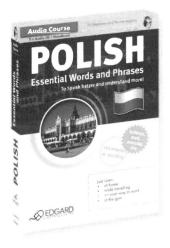

Master essential phrases

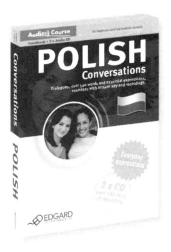

Start speaking fluently

More information **www.jezykiobce.pl**

EDGARD
JEZYKIOBCE PL
phone (+48 22) 853 11 38

Kompleksowa nauka języka!

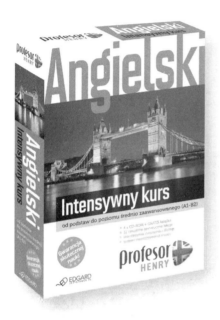

Profesor Intensywny kurs:
- nowa seria do 5 języków
- filmy, animacje, ćwiczenia i testy
- przystępnie objaśniona gramatyka
- flashcards - karteczki ze słówkami
- trening wszystkich umiejętności

www.jezykiobce.pl
tel. (+48 22) 847 51 23, 853 11 38